OBSERVACIONES Y OCURRENCIAS DE LOS
BRIDGERTON

OBSERVACIONES Y OCURRENCIAS DE LOS BRIDGERTON

Guia Oficial de Lady Whistledown

. . . .

JULIA QUINN

Argentina • Chile • Colombia • España
Estados Unidos • México • Perú • Uruguay

Título original: *The Wit and Wisdom of Bridgerton*
Editor original: Avon Books, Nueva York
Traducción: Ana Isabel Domínguez Palomo y Mª del Mar Rodríguez Barrena
Diseño de interior: Twice Design

1.ª edición junio 2022

Plaza de los Reyes Magos, 8, piso 1.º C y D – 28007 Madrid
www.titania.org
atencion@titania.org

ISBN: 978-84-17421-75-5
E-ISBN: 978-84-19251-39-8
Depósito legal: B-7.461-2022

Fotocomposición: Ediciones Urano, S.A.U.
Impreso por: Liberdúplex, S.L. – Ctra. BV 2249 Km 7,4
Polígono Industrial Torrentfondo – 08791 Sant Llorenç d'Hortons (Barcelona)

Impreso en España – *Printed in Spain*

Índice

Introducción

Querido lector:

Vengo de una familia grande. Tres hermanas, un hermano, varias cuñadas y cuñados, sobrinas y sobrinos..., y una enorme flotilla de primos. (Creo que es un motivo de orgullo que una de mis personas favoritas del mundo entero sea mi primo tercero.) Los eventos familiares pueden ser un poco agobiantes (nadie me cree cuando digo que soy la callada de la familia), pero siempre son divertidos. Somos bromistas, rápidos para replicar y nos interrumpimos más de la cuenta.

Nunca somos aburridos.

Y nos queremos. Con locura.

Creo que todos anhelamos este nivel de apoyo incondicional. Y aunque podemos confiar en los finales felices y con perdices para todas las parejas protagonistas de los libros de los Bridgerton, creo que los lectores también anhelan la red de apoyo que rodea y envuelve a una familia como la suya. Me gusta pensar que si los Bridgerton fueran una familia contemporánea, tendrían un chat familiar tan activo que todos (en especial Francesca) se verían obligados a silenciar las notificaciones. Violet, por supuesto, sería la reina de la planificación con sus calendarios de Google de ocho colores complementarios.

Espero que haya algo en cada uno de los personajes con lo que los lectores se puedan identificar. Bajo la alegre narrativa subyacen problemas reales, luchas y batallas que, aunque ambientadas en el glamuroso mundo de la Inglaterra de la Regencia, aún son relevantes y conocidos para los lectores contemporáneos. Anthony se las ve con el repentino peso de la responsabilidad familiar. Violet y Francesca deben aprender a seguir viviendo después de la pérdida. Otros personajes luchan con problemas de identidad. ¿Quiénes somos fuera del lugar que ocupamos en el seno familiar? ¿Por qué escondemos un trozo de quienes somos realmente a las personas que tenemos más cerca? Todos somos capaces de recordar momentos en los que simplemente ansiábamos comprender el mundo que nos rodeaba, descubrir quiénes éramos y quiénes deseábamos ser.

Los Bridgerton, pese a todos sus privilegios, no son diferentes. Y por eso los queremos.

A menudo me preguntan si los actores de la serie de televisión *Los Bridgerton* son tal como yo me los imaginaba cuando escribí los libros. La respuesta es no, pero porque no soy una escritora muy visual y no acostumbro a visualizar con claridad el aspecto físico de mis personajes mientras escribo. (Ni siquiera tengo una imagen difusa, para ser sincera. Por algo trabajo con palabras.) Sin embargo, cuando regresé a los libros (desde *El duque y yo* hasta *Buscando esposa*) a fin de recopilar citas para este volumen, sucedió algo interesante: por fin «vi» a mis personajes. No me importó que hubiera descrito a Simon con los ojos azules. En mi mente veía a Regé-Jean Page. Cuando Daphne sonrió, vi la cara de Phoebe Dynevor. Oí la voz de Adjoa Andoh mientras leía las palabras de lady Danbury, y era la mano de Claudia Jessie la que escribía las cartas que Eloise le enviaba a su familia. La serie de televisión ha añadido una capa de diversidad a los libros, de la misma manera que espero que los libros enriquezcan la experiencia visual. Son complementarios, en el mejor sentido de la palabra.

Sin embargo, este volumen está centrado en los libros, y por ese motivo no encontrarás en sus páginas algunos de tus momentos favoritos de la serie de Netflix. He intentado recopilar mis citas favoritas de las novelas de los Bridgerton, o al menos las que mejor representan e ilustran a cada personaje. No ha sido fácil; había muchos párrafos que simplemente no funcionaban fuera de contexto. Había otros que requerían una leve edición para clarificarlos. En algunos lugares he reemplazado un pronombre con un nombre propio. En otros he borrado una frase innecesaria. Todo el mundo tiene una nueva presentación escrita por lady Whistledown, algo que me ha resultado divertidísimo. Han pasado más de diez años desde la última vez que tomé su pluma.

Bridgerton. Llevar ese apellido es tener claro que se forma parte de una familia muy unida, que practica una lealtad incondicional y se profesa un amor incuestionable. Y que se ríe.

Siempre se ríe.

Con cariño,

Julia Quinn

01

Anthony

Ha sido una semana aburrida en Londres, así que vamos a describir uno de los momentos más distinguidos y brillantes que se produjeron ayer, protagonizado por un caballero ahora tan formal y tan..., digámoslo claro, tan aburrido desde que se casó que esta autora no ha tenido motivo alguno para incluirlo en esta columna.

De hecho, el vizconde de Bridgerton casi ha dejado de ser noticia (una circunstancia que seguramente agradece). Baila con su esposa tan a menudo que ya no es escandaloso. Baila con su madre, baila con sus hermanas y con su cuñada, y suponemos que algún día bailará con su hija.

De lo más aburrido para un antiguo libertino que antaño fuera una delicia para estas páginas.

Sin embargo, si esta autora tuviera que recordar un momento del que los miembros más jóvenes de la alta sociedad ni siquiera hayan oído hablar y que tal vez hayan olvidado los más mayores, elegiría cuando hizo Aquello. Aquella Noche.

Ocurrió en Aubrey Hall, la casa solariega ancestral de la familia Bridgerton, y seguramente habría sido la comidilla de la temporada social, o al menos lo habría sido durante quince días, de no ser porque al día siguiente el vizconde se descubrió comprometido por sorpresa con una señorita a la que no había cortejado, bajo unas circunstancias que no salieron a la luz.

Como es natural, esta autora eligió escribir sobre ese giro impactante de los acontecimientos. De manera que Aquello que hizo Aquella Noche se quedó en el tintero.

No obstante, Aquello sucedió, querido lector. Y Aquella Noche fue gloriosa.

Sucedió durante una fiesta organizada por su madre, la querida lady Bridgerton, a la que se invitó a un nutrido grupo de jóvenes solteras, y durante la cual, lord Bridgerton, en calidad de anfitrión, debía acompañar a alguna dama relevante al comedor.

Sin embargo, lord Bridgerton oyó que una de las jóvenes solteras le hacía un comentario muy feo a otra. La identidad de la Joven Agraviada no viene al caso y tampoco le daremos relevancia a la Arpía Maliciosa. El protagonista de esta historia es Anthony Bridgerton y lo relevante es cómo se convirtió en un héroe para todas las feas de todas las fiestas.

Lord Bridgerton, que les sacaba más de una cabeza a las dos señoritas en cuestión, prácticamente no le hizo el menor caso a la Arpía Maliciosa (¡Válgame Dios!) y le dio la espalda (¡Sí, lo hizo!), mientras dejaba claro que acompañaría al comedor a la Joven Agraviada. No, queridos lectores, esta autora no está embelleciendo nada.

La Arpía Maliciosa, según parece, comentó algo similar a: «¡Pero no puede hacerlo!».

A lo que lord Bridgerton replicó más o menos: «¿Quién le ha dado vela en este entierro?», tras lo cual procedió a acompañar a la Joven Agraviada al comedor sin prestarle atención a nadie más, delante de todo el mundo, con gran elegancia y deferencia, como si fuera una princesa heredera.

Querido lector, fue algo espectacular.

REVISTA DE SOCIEDAD
DE LADY WHISTLEDOWN

1821

El tema de los libertinos se ha tratado con anterioridad en esta columna, y esta autora ha llegado a la conclusión de que hay libertinos y Libertinos.

Anthony Bridgerton es un Libertino.

Un libertino (con minúscula) es joven e inmaduro. Hace alarde de sus hazañas, se comporta con suma imbecilidad y se cree peligroso para las mujeres.

Un Libertino (con mayúscula) sabe que es peligroso para las mujeres.

No hace alarde de sus hazañas porque no siente ninguna necesidad. Sabe que tanto hombres como mujeres murmurarán sobre él y, de hecho, preferiría que no murmuraran en absoluto. Sabe quién es y qué ha hecho; los demás cuentos son superfluos.

No se comporta como un idiota por la sencilla razón de que no lo es. Tiene poca paciencia con las debilidades de la sociedad, y con toda franqueza, la mayoría de las veces esta autora no puede decir que lo culpe.

Si eso no describe a la perfección al vizconde de Bridgerton (sin duda el soltero más cotizado de esta temporada), esta autora dejará su pluma de inmediato.

Revista de sociedad
de lady Whistledown

20 *de* abril *de* 1814

El vizconde que me amó

Era el primogénito Bridgerton de un primogénito Bridgerton de un primogénito Bridgerton, hasta ocho veces. Tenía la responsabilidad dinástica de ser fértil y multiplicarse.

Algo le había sucedido la noche en que su padre había muerto, cuando permaneció en el dormitorio de sus padres a solas con el cadáver, simplemente sentado allí durante horas, observando a Edmund e intentando con desesperación recordar cada momento que habían compartido. Sería tan fácil olvidar las cosas pequeñas: cómo apretaba el brazo de Anthony cuando le hacía falta ánimo o cómo podía recitar entera de memoria la canción «Sigh no more» de Balthazar de *Mucho ruido y pocas nueces*, no porque le pareciera significativa, sino porque le gustaba, sin más.

Y cuando por fin Anthony salió de la habitación, con los primeros rayos del amanecer tornando el cielo de rosa, en cierto modo sabía que tenía los días contados; contados del mismo modo que lo habían estado para Edmund.

Conocía bien la extraña y singular sensación de querer a la familia hasta la locura y por otro lado no sentirse capaz de compartir con ellos los temores más profundos y recalcitrantes. Le producía una sensación de soledad, de estar muy solo en medio de una multitud alegre y cordial.

No era ningún necio, sabía que existía el amor, pero también creía en el poder de la mente, y, tal vez más importante, el poder de la voluntad. Con franqueza, no veía motivo alguno por el cual el amor tuviera que ser algo involuntario.

Si no quería enamorarse, pues, ¡qué puñetas!, no iba a hacerlo. Era tan sencillo como eso. Tenía que ser tan sencillo como eso. Si no lo fuera, él no sería tan hombre, ¿o sí?

Pero la verdad era que no había nadie a quien culpar, ni siquiera a sí mismo. Se sentiría mucho mejor si pudiera responsabilizar a alguien —a cualquiera— y decir: «Es culpa tuya». Era infantil, lo sabía, esa necesidad de echarle la culpa a alguien, pero todo el mundo tenía derecho a emociones infantiles de vez en cuando, ¿o no?

«A veces nuestros temores responden a motivos que no sabemos explicar. A veces se trata de algo que sentimos en las entrañas, algo que sabemos que es cierto, pero que a cualquier otra persona le parecería ridículo».

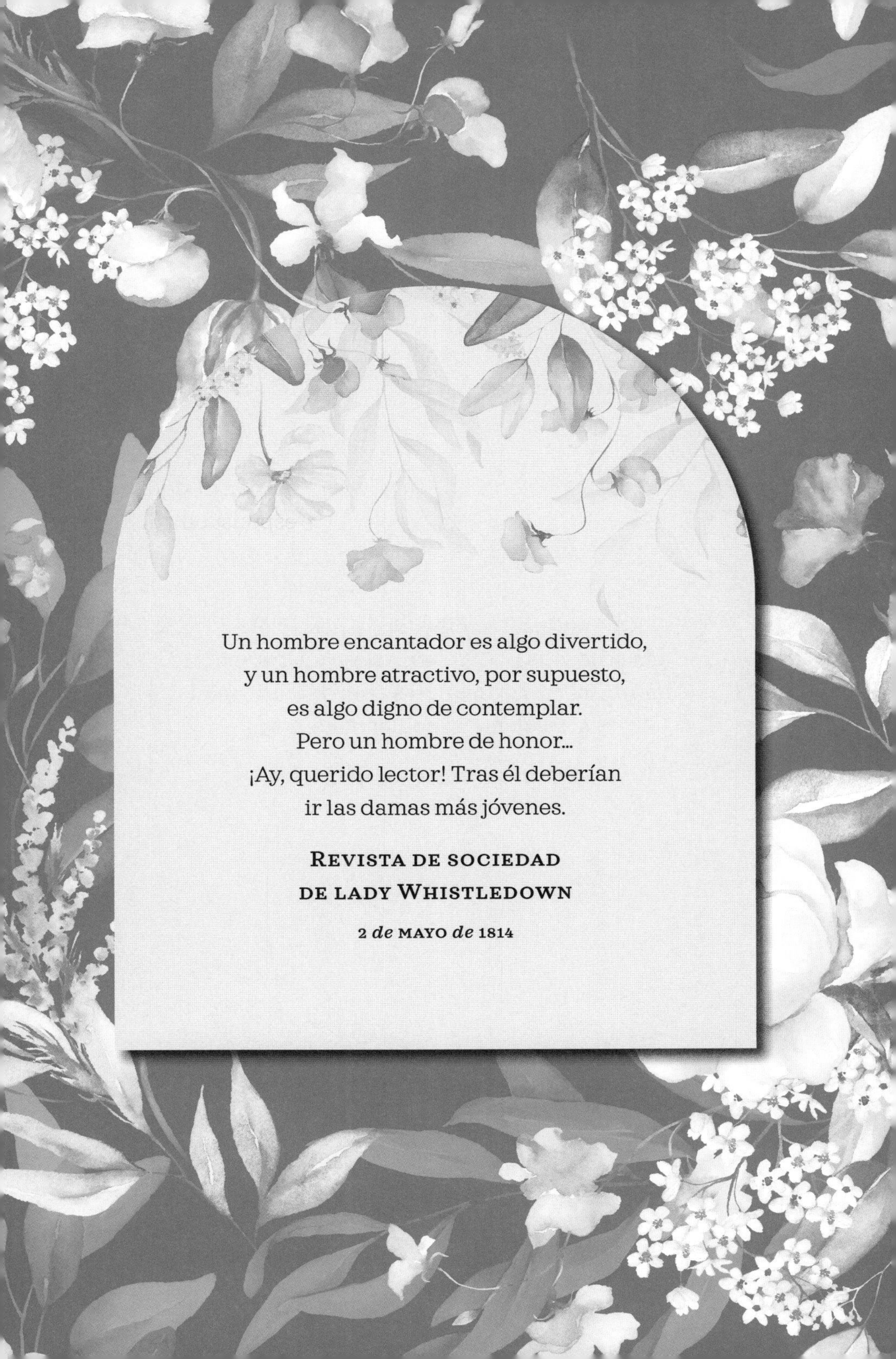

Un hombre encantador es algo divertido,
y un hombre atractivo, por supuesto,
es algo digno de contemplar.
Pero un hombre de honor…
¡Ay, querido lector! Tras él deberían
ir las damas más jóvenes.

REVISTA DE SOCIEDAD
DE LADY WHISTLEDOWN

2 *de* MAYO *de* 1814

«¡Qué curioso! —reflexionó a posteriori—.
Cómo la vida podía alterarse en un instante,
cómo en tal minuto las cosas eran de cierto modo
y al siguiente, sencillamente, no».

El vizconde que me amó

Era irónico, pero la muerte no era algo que lo asustara. La muerte no asustaba a un hombre que estuviera solo. El más allá no infundía ningún terror cuando alguien había conseguido evitar los vínculos terrenales.

Anthony podía ver que a la señorita Sheffield le preocupaba cada vez más el brillo malicioso en los ojos de Colin. Encontró un placer poco caritativo en eso. Anthony sabía que su reacción era un tanto desproporcionada, pero algo en tal señorita Katharine Sheffield encendía su ánimo al tiempo que le provocaba unas ganas terribles de presentarle batalla.

Y ganar. Eso no hacía falta decirlo.

«¡Oh, maldita sea! —juró Anthony, olvidando por completo que se encontraba en compañía de la mujer a la que planeaba convertir en su esposa—. Tiene el mazo de la muerte».

Ella lo deseaba. Conocía suficientes mujeres que no lo disimulaban. Y para cuando acabara la noche, ella ya no podría vivir sin él.

La posibilidad de que él no pudiera vivir sin ella era algo que se negaba a considerar.

—Si me permites que te dé un consejo... —dijo Colin masticando su nuez.

—No te lo permito —replicó Anthony. Alzó la vista. Colin estaba masticando con la boca abierta. Había sido algo prohibido en su casa mientras crecían, por lo tanto, Anthony dedujo que Colin estaba haciendo alarde de los malos modales solo para hacer más ruido—. Cierra tu maldita boca —mascullό.

Colin tragó, se relamió los labios y bebió un sorbo al té para empujar el bocado.

—Hicieras lo que hicieses, pide disculpas por ello. Te conozco, y voy conociendo a Kate poco a poco, y puesto que sé lo que sé...

—¿De qué diablos está hablando? —refunfuñó Anthony.

—Creo —explicó Benedict, acomodándose en su silla— que está diciendo que eres un imbécil.

«Estaba dispuesto a matarte por deshonrarla —le dijo Anthony a Simon—. Si le rompes el corazón, te garantizo que nunca más encontrarás la paz mientras vivas. Y no será mucho tiempo —añadió mientras su expresión se tornaba más hosca—, te lo prometo».

El duque y yo

«Me niego a tratar con idiotas...
Eso ha reducido mis compromisos sociales
a la mitad».
Buscando esposa

El vizconde que me amó

—Eres una persona mucho más bondadosa de lo que te gustaría que creyera la gente —dijo Kate.

Puesto que no iba a ser capaz de salir victorioso de una discusión con ella, y tenía poco sentido contradecir a una mujer que le estaba haciendo un cumplido, Anthony se llevó un dedo a los labios y dijo:

—Shhh. No se lo digas a nadie.

«Escúchame —su voz sonaba serena e intensa— y escúchame bien, porque solo voy a decirte esto una vez. Te deseo. Me muero por ti. De noche no puedo dormir por culpa de mi deseo por ti. Incluso cuando no me caías bien, te deseaba. Es la cosa más demencial, arrebatadora, deplorable sí, pero es así. Y si oigo un solo disparate más saliendo de tus labios, tendré que atarte a la cama y convencerte a mi manera, lo intentaré de mil formas hasta que, de una vez por todas, te entre en esa cabeza tan dura que tienes que eres la mujer más hermosa y deseable de Inglaterra, y si los demás no se dan cuenta es que son una pandilla de necios».

«El amor no consiste en tener miedo a que te lo arrebaten. El amor consiste en encontrar a la persona que te llene el corazón, que te haga ser una persona mejor de lo que nunca soñaste ser. Consiste en mirar a tu mujer a los ojos y en estar convencido hasta lo más hondo de que ella es, sencillamente, la mejor persona que has conocido».

Por un beso

—Mi hermana Hyacinth —dijo el vizconde despacio, caminando hacia la ventana— es un premio. Debes tener presente eso, y si valoras tu pellejo, la tratarás como al tesoro que es.

Gareth guardó silencio. No le pareció el momento correcto para decir algo.

—Pero si bien Hyacinth es un premio —continuó Anthony, volviéndose, con los pasos lentos de un hombre que conoce muy bien su poder—, no es fácil. Soy el primero en reconocerlo. No hay muchos hombres capaces de igualar su ingenio, y si se ve atrapada en un matrimonio con un hombre que no valora su... singular personalidad, será muy desgraciada.

Gareth continuó en silencio, pero sin desviar los ojos de la cara del vizconde.

Y Anthony le correspondió el gesto.

—Te doy mi permiso para casarte con ella —dijo—, pero deberás pensar largo y tendido antes de proponérselo.

—¿Qué quieres decir? —preguntó Gareth, desconfiado, levantándose.

—No le diré nada de esta conversación. De ti depende decidir si deseas dar el paso definitivo. Y si decides no darlo... —Se encogió de hombros, un gesto extraño por lo francés—. En ese caso —continuó, con un tono tan sereno que resultaba inquietante—, ella no lo sabrá nunca.

¿A cuántos hombres habría ahuyentado el vizconde de esa manera?, pensó Gareth. ¡Por Dios! ¿Sería ese el motivo por el que Hyacinth todavía estaba soltera? Debería agradecérselo, claro, puesto que la dejaba libre para casarse con él, pero de todos modos, ¿sabría ella que su hermano estaba loco de atar?

—Si no haces feliz a mi hermana —continuó Anthony Bridgerton, mirándolo con una intensidad y una fijeza que le confirmaron sin más las sospechas sobre su cordura—, tú no serás feliz. Yo me encargaré de eso.

«Eres una Bridgerton. No me importa con quién te cases o el nombre que adoptes cuando estés delante de un sacerdote y pronuncies tus votos. Siempre serás una Bridgerton y los Bridgerton nos comportamos de manera honrosa y honesta, no porque sea lo que se espera de nosotros, sino porque es lo que somos».

A SIR PHILLIP, CON AMOR

ANTHONY,
según su familia...

«Dios sabe que cada día doy gracias por no haber estado en el lugar de Anthony... El título, la familia, la fortuna, es demasiada carga para los hombros de una sola persona».

COLIN, EL VIZCONDE QUE ME AMÓ

Anthony tenía los brazos cruzados, lo cual nunca era buena señal. Anthony era el vizconde de Bridgerton desde hacía más de veinte años. Y aunque fuera (Gregory era el primero en admitirlo) el mejor de los hermanos, habría sido un señor feudal de primera.

BUSCANDO ESPOSA

«Si Anthony no es un libertino, compadezco a la mujer que se cruce con uno en su vida».

SIMON, EL DUQUE Y YO

«Nadie sonríe como mi hermano mayor».

DAPHNE, EL VIZCONDE QUE ME AMÓ

02

Kate

Las bodas son un tema frecuente en estas páginas, pero no así los regalos de boda..., hasta ahora. Tal parece que lady Bridgerton (la actual, no la viuda) le ha entregado a su sobrina el regalo de boda más curioso del mundo. La sobrina en cuestión es lady Alexandra Rokesby, que disfrutó de una tranquila, aunque exitosa, temporada social el año pasado bajo la atenta mirada de la otra lady Bridgerton (la viuda, no la actual). Al parecer, lady Bridgerton también ha pasado muchísimas tardes idílicas con sus primos Bridgerton en Aubrey Hall, en Kent.

Vale la pena mencionar que cuando los Bridgerton se reúnen en el campo, les gusta jugar al palamallo.

Hay sutilezas en este relato que tal vez solo capte un Bridgerton, pero al parecer el palamallo es algo que se toman muy en serio. Esta autora sabe de buena tinta que no hay jugadora más competitiva que la mismísima lady Bridgerton (la actual, no la viuda).

Y aquí es donde la historia se complica. Durante uno de los partidos, Kate (como se refiere su familia a lady Bridgerton) le regaló a Alexandra un mazo negro. La importancia de este gesto se le escapa a esta autora, pero sí que debía tenerla, ya que el momento fue recibido por exclamaciones sorprendidas entre la multitud (de Bridgerton). Y, sin duda, no puede ser una coincidencia que más tarde se viera a lord Bridgerton metido en el lago hasta las rodillas.

¿Y el regalo de boda? No el mazo original; eso, según nos dijeron, solo fue un gesto ceremonial. En cambio, lady Bridgerton encargó un juego de palamallo a un maestro en Milán. En el que había un mazo negro con letras grabadas en oro. ¡En oro, querido lector!

¿Qué dirá el extravagante grabado? Solo lady Bridgerton lo sabe...

REVISTA DE SOCIEDAD
DE LADY WHISTLEDOWN

1821

El vizconde que me amó

Kate, por otra parte, siempre sobresalía por su altura y hombros erguidos; era incapaz de permanecer sentada quieta aunque su vida dependiera de ello y caminaba siempre como si participara en una carrera. «¿Y por qué no?», se preguntaba. Si una iba a algún sitio, ¿qué sentido tenía no intentar llegar a ese punto lo más rápido posible?

«Pero soy su hermana mayor. Siempre he tenido que ser fuerte por ella. Mientras que ella solo ha tenido que ser fuerte para sí misma».

Kate captó la sonrisa dibujada en sus ojos y comprendió que había estado bromeando con ella todo el tiempo. En absoluto se trataba de un hombre que deseara perder de vista a sus hermanos.

—Siente bastante devoción por su familia, ¿verdad que sí? —le preguntó.

Los ojos de él, risueños a lo largo de toda la conversación adoptaron una expresión muy seria sin tan siquiera pestañear.

—Total.

—Igual que yo —dijo Kate lanzando una indirecta.

—¿Y eso quiere decir...?

—Quiere decir —contestó ella consciente de que debía contener la lengua pero de todas formas explicarse— que no permitiré que nadie le rompa el corazón a mi hermana.

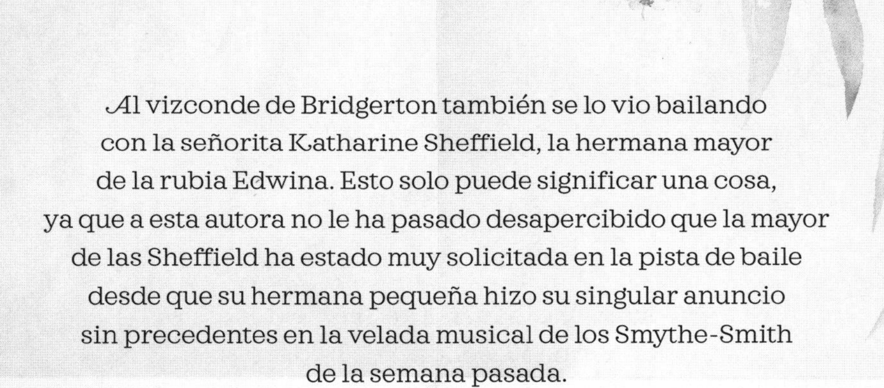

Al vizconde de Bridgerton también se lo vio bailando con la señorita Katharine Sheffield, la hermana mayor de la rubia Edwina. Esto solo puede significar una cosa, ya que a esta autora no le ha pasado desapercibido que la mayor de las Sheffield ha estado muy solicitada en la pista de baile desde que su hermana pequeña hizo su singular anuncio sin precedentes en la velada musical de los Smythe-Smith de la semana pasada.

¿Quién ha oído que una muchacha necesitara el permiso de su hermana para elegir marido?

Y otra cuestión que tal vez sea más importante: ¿quién ha decidido que las palabras «Smythe-Smith» y «velada musical» puedan usarse en la misma frase? Esta autora asistió a una de estas reuniones en el pasado y no oyó nada que pudiera calificarse con rigor como «música».

Revista de sociedad de lady Whistledown

22 *de* abril *de* 1814

¡Ya está hecho! La señorita Sheffield es ahora Katharine, vizcondesa de Bridgerton.

Esta autora les envía sus mejores deseos a la feliz pareja. Las personas sensatas y honorables escasean, sin duda, entre nuestra élite aristocrática, por lo cual resulta de lo más gratificante ver unidos en matrimonio a dos ejemplares de esta especie tan poco frecuente.

REVISTA DE SOCIEDAD DE LADY WHISTLEDOWN

16 *de* MAYO *de* 1814

Era inconcebible para él que Kate Sheffield, pese a todo su ingenio e inteligencia, no estuviera celosa de su hermana. Y aunque no pudiera haber hecho nada para evitar este percance, sin duda debería encontrar un poco de placer en el hecho de que ella estuviera seca y cómoda mientras que Edwina parecía una rata empapada. Una rata atractiva, eso sí, pero empapada de todas formas.

Estaba claro que Kate no había dado por concluida la conversación.

—Aparte del hecho de que —dijo con desprecio— nunca jamás haría algo para perjudicar a Edwina..., ¿cómo explica que consiguiera esta extraordinaria proeza? —Se dio en la mejilla con la mano que le quedaba libre, fingiendo con expresión burlona caer entonces en la cuenta—. ¡Oh, sí! Conozco el idioma secreto de los corgis. Ordené al perro que tirara de la correa hasta soltarse y luego, puesto que tengo el don de la clarividencia, sabía que Edwina estaba justo aquí al lado de la Serpentina, de modo que le dije al perro, gracias a nuestra comunicación mental, ya que a estas alturas estaba demasiado lejos para oír mi voz, le dije que cambiara de dirección, que se fuera hacia Edwina y la derribara para que cayera al agua.

—El sarcasmo no le sienta nada bien, señorita Sheffield.

—A usted nada le sienta bien, lord Bridgerton.

Nadie le había llevado flores antes, y hasta ese preciso momento no se había dado cuenta de cuánto deseaba que alguien lo hiciera.

De pronto, era demasiado duro encontrarse en su presencia, demasiado doloroso saber que él le pertenecería a otra persona.

—¿Por qué tengo la sensación —le susurró Edwina a Kate— de que me estoy entrometiendo en una pelea familiar?

—Creo que los Bridgerton se toman el palamallo muy en serio —le explicó Kate al oído. Los tres hermanos Bridgerton habían adoptado expresiones de bulldogs y todos ellos parecían bastante resueltos a ganar.

—¡Eh, eh, eh! —les regañó Colin agitando un dedo en su dirección—. No se permite connivencia alguna.

—Ni siquiera sabemos qué pactar —comentó Kate—, ya que aún nadie se ha dignado a explicarnos las reglas del juego.

—Aprenderán sobre la marcha —dijo Daphne con energía—. Se lo imaginarán a medida que avancemos.

—Creo —susurró Kate a Edwina— que el objeto es hundir las bolas de los oponentes en el lago.

—¿De veras?

—No. Pero creo que así es como lo ven los Bridgerton.

A esta autora le han llegado informaciones de que la señorita Katharine Sheffield se ofendió por la descripción de su querido animal de compañía como «un perro no identificado de raza indeterminada».

Esta autora, desde luego, está postrada de vergüenza por el grave y atroz error, y les pide a ustedes, queridos lectores, que acepten esta disculpa abyecta y que presten atención a la primera corrección en la historia de esta columna.

El perro de la señorita Katharine Sheffield es un corgi. Se llama Newton, aunque cuesta imaginar que el inventor y físico más importante de Inglaterra hubiera apreciado quedar inmortalizado en forma de un can pequeño, gordo y con malos modales.

REVISTA DE SOCIEDAD DE LADY WHISTLEDOWN

17 *de* ABRIL *de* 1814

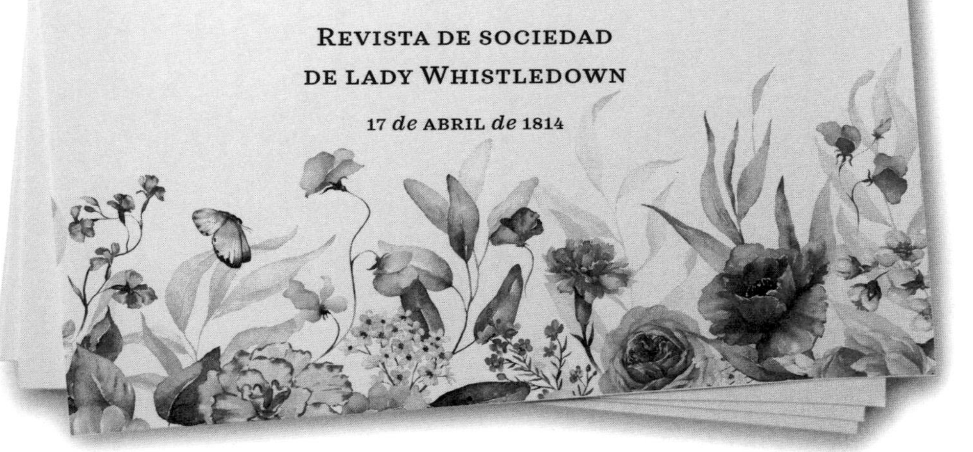

No creía ni por un momento
que los libertinos reformados
fueran luego los mejores maridos.
Para empezar, ni siquiera estaba
segura de que un libertino
pudiera reformarse.

El vizconde que me amó

Anthony miró hacia donde se hallaban las dos bolas pegadas sobre la hierba, la negra de ella y la de él, de un rosa terrible... Puso un pie sobre su bola y echó el mazo hacia atrás...

—¡¿Qué está haciendo?! —chilló Kate.

... y lo lanzó. La bola de Anthony permaneció firme en su sitio, debajo de su bota. La de Kate salió colina abajo recorriendo lo que parecían kilómetros.

—Desalmado —rezongó.

—Todo vale en el amor y en la guerra —bromeó.

—Voy a matarlo.

—Puede intentarlo —se burló—, pero tendrá que alcanzarme primero.

Kate sopesó el mazo de la muerte, luego observó el pie de él.

—Ni se le ocurra —advirtió el vizconde.

—Pero me tienta tanto... —dijo entre dientes.

Él se inclinó con gesto amenazador hacia ella.

—Tenemos testigos.

—Y eso es lo único que le salva la vida en este momento.

—No querrá hacer eso, señorita Sheffield —le advirtió.

—¡Ay! —dijo con gran sentimiento—. Sí que quiero, de verdad, lo quiero. —Y en ese momento, con la sonrisa más maligna que habían esbozado sus labios en la vida, echó hacia atrás el mazo y golpeó su bola llevada por cada pizca de emoción que había dentro de ella. Esta dio a la bola de Anthony con una fuerza sorprendente y la mandó volando colina abajo.

Y más abajo...

Y más...

Directamente al lago.

Boquiabierta de deleite, Kate se quedó mirando durante un momento cómo se hundía la bola rosa en el lago. Luego algo se propagó por su interior, una emoción extraña y primitiva, y antes de que supiera qué le sucedía, estaba saltando como una loca al tiempo que gritaba:

—¡Sí! ¡Sí! ¡He ganado!

—No ha ganado —soltó Anthony con brusquedad.

—¡Oh! Pero es como si ganara —se regodeó ella.

—¿Echas de menos a una madre a la que nunca conociste? —preguntó en un susurro.

Kate consideró su pregunta durante un rato. En su voz vibraba una urgencia ronca que decía que había algo crítico en su respuesta. No podía imaginarse el motivo, pero estaba claro que algo de la infancia de Kate le llegaba a él de forma especial.

—Sí —respondió ella finalmente—, pero no de la manera que tú pensarías. En realidad, no puedo echarla de menos porque no la conocí, pero de todos modos hay un agujero en tu vida: un gran punto vacío; y sabes a quién le correspondía estar ahí, aunque no puedas recordarla, aunque no sepas cómo era y, por tanto, aunque no sepas cómo habría llenado ese hueco. —Sus labios esbozaron una especie de sonrisa triste—. ¿Tiene algún sentido lo que digo?

«Tienes que vivir cada hora como
si fuera la última —dijo Kate— y cada día
como si fueras inmortal».

El vizconde que me amó

No hay nada como una competición para sacar lo peor de un hombre... o lo mejor de una mujer.

Revista de sociedad de lady Whistledown

4 *de* mayo *de* 1814

Pero cuando Anthony la besó, ella tuvo la impresión de que perdía la cabeza. Y cuando la besó por segunda vez, no estaba segura de querer recuperarla.

Kate lo miró fijamente, observó sus ojos oscuros iluminados por la titilante luz de la vela y contuvo el aliento al detectar un destello de dolor durante un breve segundo antes de que él apartase la mirada. Supo con cada fibra de su ser que no hablaba de algo intangible. Hablaba de sus propios temores, de algo muy específico que lo obsesionaba a cada minuto del día.

Algo sobre lo que no tenía ningún derecho a preguntar. Aunque lo deseaba —¡ay, cuánto lo deseaba!—, deseaba que cuando él estuviera preparado para hacer frente a sus temores, ella pudiera estar ahí para ayudarle.

¿Era posible enamorarse del mismo hombre una y otra vez, todos y cada uno de los días?

Buscando esposa

Gregory se volvió hacia Kate.

—¿Y tú no te quejas?

—¡Ah! Claro que sí —contestó ella, estirando el cuello para examinar el salón de baile en busca de desastres de última hora—. Yo siempre me quejo.

—Es cierto —dijo Anthony—. Pero sabe cuándo no puede salirse con la suya.

Kate se volvió hacia Gregory, a pesar de que saltaba a la vista que hablaba para su marido.

—En realidad, es que sé qué batallas elegir.

—No le hagas caso —dijo Anthony—. Solo es su modo de admitir la derrota.

—Pero él sigue insistiendo —replicó Kate sin dirigirse a nadie en particular—, aunque sabe que al final siempre gano yo.

KATE,
según su familia...

Has dado en el clavo, querida Kate. Los hombres son terriblemente fáciles de manejar. Ni siquiera me imagino perdiendo una discusión con uno.

ELOISE BRIDGERTON a su cuñada, la vizcondesa Bridgerton, después de rechazar su quinta proposición de matrimonio

A SIR PHILLIP, CON AMOR

«Cuando te comprometes a ser la madre de una criatura a la que no has dado a luz, tu responsabilidad es el doble de grande. Debes trabajar incluso más para garantizar la felicidad y el bienestar del niño».

MARY, EL VIZCONDE QUE ME AMÓ

—¿Te tentó la moza de la taberna? —quiso saber Eloise.

Anthony se quedó de piedra.

—¡Claro que no! Kate me cortaría el cuello.

—No estoy hablando de lo que Kate te haría si descubriera que la habías engañado, aunque dudo que empezara por el cuello...

A SIR PHILLIP, CON AMOR

«Sabía que se merecía el mazo de la muerte».

COLIN, EL VIZCONDE QUE ME AMÓ

03

Benedict

El señor Benedict Bridgerton, el segundo hijo varón de los Bridgerton, es un artista de mucho talento. Esta autora ya sabía que el señor Bridgerton coqueteaba con el dibujo a carboncillo, ya que lo mencionó de pasada en el baile de los Hastings el año pasado. Como es habitual en él, tal afirmación se quedó muy corta; el segundo de los Bridgerton es famoso por no llamar la atención.

Aunque ¿pintar? ¡Caray! No hablamos de las anodinas acuarelas que enseñan a pintar a las damas de la alta sociedad, sino de paisajes lustrosos y vivos al óleo. Y si bien esta autora no ha visto dichos cuadros, corre el rumor de que su talento bien podría valerle un hueco en la National Gallery.

El señor Bridgerton, que se casó hace poco más de un año con la que fuera la señorita Sophia Beckett, pariente lejana del conde de Penwood, es un invitado poco habitual de la temporada social londinense. Su esposa y él aseguran preferir el campo y residen en una casita modesta, pero bien amueblada, a las afueras de Rosemeade. Esta autora se imagina que hay un estudio muy bien iluminado allí para el artista, con cristaleras que se abren a todo lo bucólico y pastoral. Pero dado que nunca han invitado a esta autora, solo puede especular.

Claro que las especulaciones de esta autora suelen ser tan certeras que a veces asustan.

REVISTA DE SOCIEDAD
DE LADY WHISTLEDOWN

1818

Te doy mi corazón

Benedict era un Bridgerton, sí, y si bien no había ninguna otra familia a la que deseara pertenecer, a veces deseaba que lo consideraran menos un Bridgerton y más él mismo.

Y entonces se giró y la vio, y en ese momento supo que ella era el motivo de que él estuviera allí esa noche; el motivo de que viviera en Inglaterra; ¡demonios!, el motivo de que hubiera nacido.

Ella estaba en alguna parte. Hacía tiempo que se había resignado al hecho de que no era probable que la encontrara, y llevaba más de un año sin buscarla activamente, pero...

Sonrió con tristeza. Simplemente no podría dejar de buscarla. De un modo extraño, eso se había convertido en parte de su ser. Su nombre era Benedict Bridgerton, tenía siete hermanos, era bastante hábil con una espada y en el dibujo, y siempre tenía los ojos bien abiertos por si veía a la única mujer que le había tocado el alma.

Más de un invitado al baile de máscaras ha informado a esta autora de que a Benedict Bridgerton se lo vio en compañía de una dama desconocida que vestía un traje plateado.

Por mucho que lo ha intentado, esta autora ha sido absolutamente incapaz de descubrir la identidad de la misteriosa dama. Y si esta autora no ha podido descubrir la verdad, podéis estar seguros de que su identidad es un secreto muy bien guardado.

Revista de sociedad de lady Whistledown

7 *de* junio *de* 1815

Parecía ser una regla no escrita que todas las damas de la alta sociedad hicieran esperar a sus visitas por lo menos quince minutos; veinte si se sentían especialmente malhumoradas.

«¡Qué regla más estúpida!», pensó, irritado. Por qué el resto del mundo no valoraba la puntualidad, como él, era algo que no sabría jamás.

Y en ese momento, metido en la laguna, con el agua lamiéndole el estómago, más arriba del ombligo, nuevamente tenía la extraña sensación de que, en cierto modo, estaba más vivo que unos segundos antes. Era una sensación agradable, una excitante oleada de emoción que lo dejaba sin aliento.

Era igual que en esa ocasión, cuando la conoció a ella.

Iba a ocurrir algo, o tal vez alguien estaba cerca.

Su vida estaba a punto de cambiar.

Y estaba tan desnudo como cuando Dios lo trajo al mundo, pensó, con una mueca irónica.

«Creo que tengo que besarte —repuso él, con cara de que no terminaba de creerse lo que decía—. Es como respirar; uno no tiene mucha opción en el asunto».

«¿Qué podría estar pensando para tener esa expresión tan adorable y feroz a la vez? —musitó él—. No, no me lo diga —añadió—. Seguro que tiene que ver con mi prematura y dolorosa muerte».

Entonces comprendió, con la más absoluta certeza, que si uno de ellos no salía de la habitación en los próximos treinta segundos, él iba a hacer algo por lo que le debería mil disculpas.

Y no era que no planeara seducirla, no, solo que prefería hacerlo con algo más de sutileza.

—A veces no es fácil ser un Bridgerton —dijo, en tono intencionadamente alegre y afable.

Ella volvió lentamente la cabeza y lo miró.

—No puedo imaginarme nada más agradable.

—Y no hay nada más agradable, pero eso no quiere decir que siempre sea fácil.

—¿Qué quieres decir?

Y entonces Benedict se vio impulsado a expresar sentimientos que jamás había contado a ningún alma viviente, ni siquiera a... No, ni mucho menos a su familia.

—Para la mayor parte del mundo —explicó—, solo soy un Bridgerton. No soy Benedict, ni Ben y ni siquiera un caballero de posibles y algo de inteligencia. Soy simplemente —sonrió pesaroso— un Bridgerton. Concretamente, el número Dos.

Por lo visto Benedict Bridgerton está en Londres, pero evita todas las reuniones de la alta sociedad en favor de eventos menos refinados.

Aunque, la verdad sea dicha, esta autora no debería dar la impresión de que el susodicho señor Bridgerton se ha pasado todas las horas del día sumido en un desenfrenado libertinaje. Si los informes son correctos, ha pasado la mayor parte de estas dos semanas en sus aposentos de Bruton Street.

Puesto que no ha habido rumor alguno de que esté enfermo, esta autora solo puede suponer que finalmente ha llegado a la conclusión de que la temporada en Londres es de lo más aburrida y no merece la pena que pierda el tiempo.

Un hombre inteligente, sin duda.

Revista de sociedad de lady Whistledown

9 *de* junio *de* 1817

«Si te gusta tu vida aburrida,
significa que no entiendes
la naturaleza de la emoción».

Te doy mi corazón

Se puso de pie al instante. Se podían descuidar ciertos modales con una hermana, pero jamás con la propia madre.

—Te he visto los pies sobre la mesa —dijo Violet antes de que él pudiera abrir la boca siquiera.

—Solo quería abrillantar la superficie con mis botas.

—¿Qué te traes entre manos?

—¿Por qué crees que me traigo algo entre manos?

Ella frunció los labios y dijo:

—No serías tú si no estuvieras tramando algo.

Benedict sonrió al oírla.

—Creo que ese ha sido un cumplido.

—No necesariamente; no era esa la intención.

—De todos modos —dijo con voz tranquila—, lo tomo como un cumplido.

«Te prometo que tu virtud estará a salvo. —Y luego añadió, simplemente porque no lo pudo evitar—: A no ser que tú desees otra cosa».

—¿Así que ahora sales de armarios para asustarme?

—Claro que no —repuso él, ofendido—. Es una escalera.

Su presencia lo reconfortaba, comprendió. No necesitaban hablar. Ni siquiera necesitaban tocarse (aunque no pensaba soltarla todavía). En pocas palabras, era un hombre más feliz, y muy seguramente un hombre mejor, cuando ella estaba cerca.

Estaba ahí, con él, y era como tener el cielo. El delicado aroma de su pelo, el sabor ligeramente salado de su piel, toda ella... había nacido para refugiarse en sus brazos. Y él había nacido para abrazarla.

«Siempre que pensaba en lo que verdaderamente necesitaba
en mi vida, no lo que deseaba, sino lo que necesitaba,
lo único que aparecía en mi mente eras tú».

De pronto, todo cobró sentido.
Solo dos veces en la vida
había sentido esa atracción
inexplicable, casi mística,
por una mujer.
Le había parecido extraordinario encontrar
a dos, cuando en su corazón siempre
había creído que solo había
una mujer perfecta para él.
Su corazón no se había equivocado.
Solo había una.

Te doy mi corazón

BENEDICT, según su familia...

«A Benedict le encanta charlar de arte.
Yo rara vez puedo seguir la conversación,
pero él parece bastante animado».

GREGORY, BUSCANDO ESPOSA

«El amor crece y cambia día a día.
Y no es como un rayo caído del cielo que te transforma
al instante en un hombre diferente.
Sé que Benedict dice que a él le ocurrió así,
pero, ¿sabes?, Benedict no es normal».

DAPHNE, SEDUCIENDO A MR. BRIDGERTON

04

Colin

¿Cuál es la marca distintiva de un caballero? Muchos dirían que el estilo, y seguramente el señor Beau Brummell estaría de acuerdo, si no hubiera huido del país hace dos años, por culpa de las deudas contraídas. Otros apuntarían al intelecto, al uso de la palabra, por así decirlo. Lord Byron sería un caballero según esta definición..., si no hubiera huido también del país.

También por deudas contraídas.

También hace dos años.

Es ciertamente una epidemia de caballeros que huyen de nuestras costas, si bien esta autora quiere dejar bien claro que aunque Colin Bridgerton planea partir hacia Dinamarca a finales de este mes, no es ni un deudor ni un prestamista. El suyo es un viaje de placer, como todos sus viajes.

Las damas de la alta sociedad seguramente lamentarán su ausencia, pero el señor Bridgerton debe ser fiel a sí mismo. Su amor por los viajes es bien conocido por todos. Casi tanto como su sonrisa descarada y sus coqueteos. Esta autora está demasiado ocupada como para llevar la cuenta del número de corazones que el señor Bridgerton ha destrozado en Londres, pero huelga decir que ninguno de estos órganos maltrechos ha acabado así como resultado de actos maliciosos o libidinosos por parte del señor Bridgerton.

¡Vaya, si no necesita hacer nada para que las damas se enamoren de él! Solo necesita ser como es.

Si es cierto que lo bueno, si breve, dos veces bueno, esta autora solo añadirá una cosa más: tal vez por eso huye tan a menudo de nuestras costas.

Revista de sociedad de lady Whistledown

1818

Seduciendo a Mr. Bridgerton

Colin Bridgerton era famoso por muchas cosas.

Era famoso por su buena apariencia, lo que no era ninguna sorpresa, pues todos los Bridgerton eran famosos por su buena apariencia.

Era famoso por su sonrisa ligeramente sesgada, la que era capaz de derretir el corazón de una mujer desde el otro extremo de un salón lleno de gente e incluso una vez fue causa de que una jovencita perdiera del todo el conocimiento, o por lo menos se desmayó delicadamente y al golpearse la cabeza en una mesa perdió del todo el conocimiento.

Era famoso por su dulce encanto, por su capacidad para hacer sentirse cómoda a cualquier persona con una sonrisa llana y un comentario divertido.

Por lo que no era famoso, y de hecho muchas personas jurarían que ni siquiera lo poseía, era por su mal genio.

El duque y yo

«Espero que sepa lo que vales —dijo Colin—. Porque si no lo sabe, yo mismo le dispararé».

Las madres casamenteras están unidas en su dicha: ¡Colin Bridgerton ha regresado de Grecia!

Para información de aquellos amables (y desconocedores) lectores que vienen por primera vez a la ciudad, el señor Bridgerton es el tercero del legendario octeto de hermanos Bridgerton (de ahí su nombre, Colin, cuya inicial es ce; sigue a Anthony y Benedict, y precede a Daphne, Eloise, Francesca, Gregory e Hyacinth).

Si bien el señor Bridgerton no posee título de nobleza, y es muy improbable que lo posea (es el séptimo en la línea de sucesión para el título de vizconde; sigue a los dos hijos del actual vizconde, a su hermano mayor Benedict y a sus tres hijos), sigue siendo considerado uno de los mejores partidos de la temporada, gracias a su fortuna, su cara, su figura y, por encima de todo, su encanto.

Revista de sociedad de lady Whistledown

2 *de* abril *de* 1824

Seduciendo a Mr. Bridgerton

—Se te da fatal mentir, ¿lo sabías?

Él se enderezó, dándose un suave tirón del chaleco y alzando el mentón.

—En realidad, se me da fenomenal mentir. Pero lo que se me da realmente bien es parecer avergonzado y adorable cuando me pillan.

¿Y qué podía contestar ella a eso?, pensó Penelope. Porque seguro que no había nadie más adorablemente avergonzado (¿o vergonzosamente adorable?) que Colin Bridgerton con las manos unidas a la espalda, la mirada clavada en el techo y los labios fruncidos como si estuviera silbando inocentemente.

Él conocía bien a la alta sociedad, sabía cómo actuaban sus pares. Había aristócratas capaces de grandeza, pero la aristocracia como colectividad tendía a caer muy bajo, hasta el mínimo común denominador.

Primero llegó el escándalo

—Toma. Sujeta al bebé, ¿quieres? —Violet le ofreció a Colin, y no le quedó más remedio que aceptarlo.

El niño empezó a chillar de inmediato.

—Creo que tiene hambre —dijo Georgie.

—Siempre tiene hambre. Sinceramente, no sé qué hacer con él. Ayer se comió la mitad de mi empanadilla de carne.

Georgie miró espantada a su sobrinito.

—Pero ¿tiene dientes?

—No —respondió Violet—. Lo trituró todo con las encías.

Seduciendo a Mr. Bridgerton

En realidad, era bastante raro que le gustara volver a casa tanto como le gustaba partir.

Jamás había sido contrario al matrimonio, simplemente se oponía a un matrimonio aburrido.

—Y yo que me creía inescrutable.

—Me temo que no. No para mí, en todo caso.

Colin exhaló un exagerado suspiro.

—Creo que nunca será mi destino ser un héroe misterioso y siniestro.

—Bien podrías descubrir que eres el héroe de alguien —dijo Penelope—. Aún tienes tiempo. ¿Pero misterioso y siniestro? —Sonrió—. No es muy probable.

«Quiero mucho a mi familia,
pero en realidad
voy ahí por la comida».

Seduciendo a Mr. Bridgerton

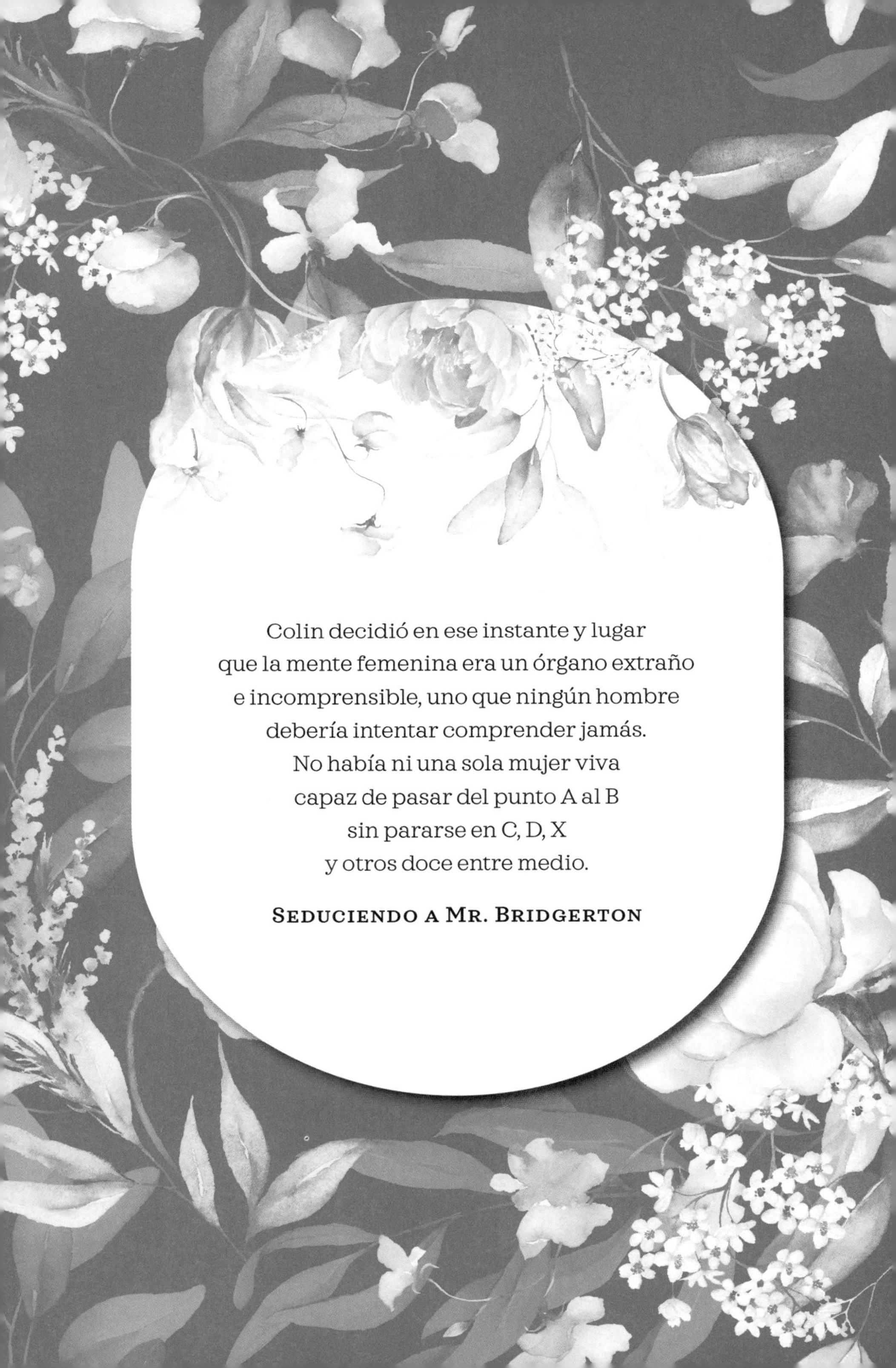

Colin decidió en ese instante y lugar
que la mente femenina era un órgano extraño
e incomprensible, uno que ningún hombre
debería intentar comprender jamás.
No había ni una sola mujer viva
capaz de pasar del punto A al B
sin pararse en C, D, X
y otros doce entre medio.

Seduciendo a Mr. Bridgerton

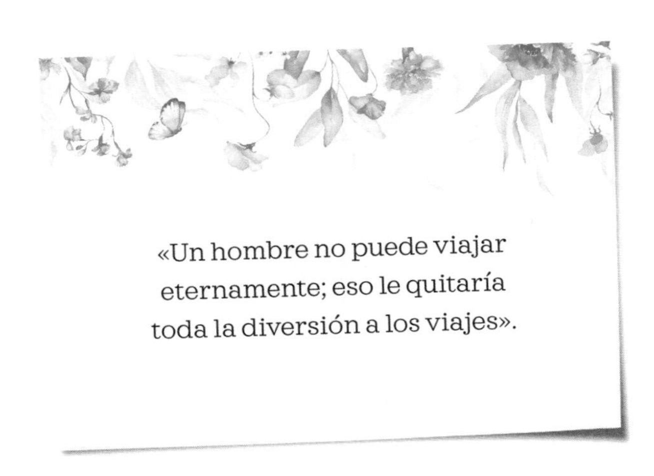

De pronto no supo qué decir, lo cual era raro porque siempre sabía qué decir. De hecho, tenía cierta fama por saber siempre qué decir. Y probablemente, pensó, eso era uno de los motivos de que cayera tan bien. Pero tenía la impresión de que los sentimientos de Penelope dependían de lo que le dijera él, y en algún momento de esos últimos diez minutos esos sentimientos se le habían hecho muy importantes.

El vizconde que me amó

«El honor y la honestidad tienen su momento, pero no en una partida de palamallo».

Seduciendo a Mr. Bridgerton

—Madre, ¿cómo has estado? —le preguntó a Violet.

—¿Has estado enviando notas por toda la ciudad y quieres saber cómo he estado?

Él sonrió.

—Sí.

Violet comenzó a mover un dedo delante de él, cosa que tenía prohibido hacer en público a sus hijos.

—¡Ah! Eso sí que no, Colin Bridgerton. No te vas a escapar de explicarlo. Soy tu madre, ¡tu madre!

—Sé muy bien cuál es el parentesco —musitó él.

—Galletas están buenas —dijo Hyacinth, ofreciéndole un plato.

—Hyacinth, procura hablar con frases completas —le dijo lady Bridgerton en tono vagamente desaprobador.

Hyacinth la miró sorprendida.

—Galletas. Están. Buenas. —Ladeó la cabeza—. Sustantivo. Verbo. Adjetivo.

—¡Hyacinth!

Penelope observó que lady Bridgerton deseaba poner una expresión severa al reprender a su hija, pero que no lo conseguía del todo.

—Sustantivo. Verbo. Adjetivo —dijo Colin, limpiándose las migas de su cara sonriente—. Frase. Es. Correcta.

Buscando esposa

Gregory se lo había contado todo, hasta lo sucedido esa noche. No le contaría cosas de Lucy, pero uno no podía pedirle a su hermano que se sentara en un árbol durante horas sin explicarle por qué. Y Gregory había hallado cierto consuelo al desahogarse con Colin. Su hermano no lo había sermoneado. No lo había juzgado.

De hecho, lo había entendido. Al acabar su historia explicándole en pocas palabras por qué estaba esperando frente a Fennsworth House, Colin se había limitado a asentir con un gesto y había dicho:

—Supongo que no tendrás algo que comer.

Gregory sacudió la cabeza y sonrió.

Era bueno tener un hermano.

—Muy mal planificado por tu parte —masculló Colin.

Seduciendo a Mr. Bridgerton

Y Colin estaba comprendiendo que todo lo que creía saber sobre besar eran pamplinas.

Todos los demás besos habían sido puro contacto de labios y lengua y palabras susurradas sin sentido.

Aquello sí era un beso.

Había un algo en la fricción, en el modo de oír y sentir su aliento al mismo tiempo. Algo en la inmovilidad de ella aun cuando sentía los latidos de su corazón a través de su piel.

Había un algo en saber que era «ella».

Había supuesto que diría alguna tontería graciosa como el hombre despreocupado que tenía fama de ser. Por ejemplo «Cualquier cosa por ti», o tal vez «Toda mujer se merece por lo menos un beso». Pero al acortar la distancia que los separaba, comprendió que no había palabras que pudieran captar la intensidad del momento.

No había palabras para la pasión. No había palabras para el deseo.

No había palabras para la simple materialización del momento.

Y así, una tarde de viernes por lo demás ordinaria, en el corazón de Mayfair, en un silencioso salón de Mount Street, Colin Bridgerton besó a Penelope Featherington.

Y fue glorioso.

Y entonces fue cuando comprendió que Daphne tenía razón. Su amor no fue como un rayo caído del cielo. Comenzó con una sonrisa, con una palabra, con una mirada guasona. Con cada segundo pasado en presencia de ella fue aumentando hasta llegar a ese momento, en que de repente lo supo.

A sir Phillip, con amor

—¿Cómo puedes pensar en comida? —le preguntó Gregory, furioso.

—Siempre pienso en comida —respondió Colin, buscando con los ojos la mantequilla hasta que la localizó—. ¿En qué otra cosa puedo pensar?

—En tu mujer —gruñó Benedict.

—¡Ah, sí! En mi mujer —dijo Colin, asintiendo. Se giró hacia Phillip, lo miró fijamente y dijo—: Para su información, preferiría haber pasado la noche con mi mujer.

A Phillip no se le ocurrió ninguna respuesta que no fuera ofensiva para la ausente señora Bridgerton, así que asintió y se untó un panecillo con mantequilla.

Colin le dio un buen mordisco al suyo y luego habló con la boca llena. Ese gesto de mala educación fue un insulto directo hacia su anfitrión.

—Nos casamos hace pocas semanas.

Phillip arqueó una ceja, porque no había entendido nada.

—Somos recién casados.

Phillip asintió porque supuso que tendría que darle alguna respuesta.

Colin se inclinó hacia delante.

—De verdad, no quería dejar a mi mujer sola en casa.

—Claro —susurró Phillip porque, a ver, ¿qué otra cosa podría haber dicho?

Colin se giró y le lanzó una espeluznante mirada a su hermano, que, obviamente, era demasiado joven para dominar el arte de los matices y el discurso circunspecto. Phillip no dijo nada hasta que Colin volvió a girarse hacia la mesa y, entonces, le ofreció un plato de espárragos, que Colin aceptó encantado, y dijo:

—Deduzco que echa de menos a su mujer.

Los cuatro se quedaron en silencio y entonces, después de mirar a su hermano con desdén, Colin dijo:

—Mucho.

Seduciendo a Mr. Bridgerton

—Te quiero —le dijo en voz baja y ardiente—. Te amo con todo lo que soy, todo lo que he sido y todo lo que espero ser.

—Colin...

—Te amo con mi pasado y te amo por mi futuro. —La besó dulcemente en los labios—. Te amo por los hijos que tendremos y por los años que tendremos juntos. Te amo por todas y cada una de mis sonrisas y, más aún, por todas y cada una de tus sonrisas.

COLIN,
según su familia...

«¿Colin es tu hermano favorito?».

SIMON, El duque y yo

Pero cuando Phillip sonreía... De repente, Eloise entendió
a lo que se referían todas esas muchachas cuando quedaban
extasiadas por la sonrisa de su hermano Colin,
que a ella le parecía de lo más normal porque, bueno, era Colin.

A sir Phillip, con amor

Incluso Colin, el niño dorado, el hombre de la sonrisa llana
y el humor pícaro, tenía sus puntos débiles. Estaba acosado
por sueños no realizados e inseguridades secretas.
¡Qué injusta había sido cuando consideraba su vida
sin dar margen para sus debilidades!

PENELOPE, Seduciendo a Mr. Bridgerton

«¿Volvemos al comedor? —preguntó Anthony—. Supongo
que debes de tener hambre y, si tardamos un poco más,
seguro que Colin le dejará la despensa vacía a nuestro anfitrión».

A sir Phillip, con amor

05

Penelope

Se ha visto a la señorita Penelope Featherington en Mayfair, acompañada por lady Louisa McCann y muy posiblemente por el perro más gordo que esta autora ha visto en su vida. Sin embargo, las noticias concernientes a la señorita Featherington no son ni la compañía de la hija del duque de Fenniwick ni la de su orondo can. (El orondo can de lady Louisa, claro está. La señorita Featherington tiene perro, pero es de circunferencia normal.)

No, la gran noticia del día fue el preciosísimo color de su vestido de paseo. ¡Ni un solo hilo de color amarillo en él! Si bien es cierto que el atuendo de la señorita Featherington ha consistido en tonos más fríos durante estos últimos años, resulta imposible extirpar de la memoria los limones y las naranjas de la adversa presentación en sociedad de la dama. Tal vez a algunos les resultó cruel que se comparara a la señorita Featherington con un «cítrico demasiado maduro», pero esta autora sostiene que el color del sol es terrible para muchos tonos de piel. De hecho, hasta la querida lady Bridgerton (cuando solo era la señorita Sheffield) fue comparada con un «narciso chamuscado».

Sin embargo y por desgracia, ¿ha llegado este cambio de vestuario demasiado tarde para la señorita Featherington? ¿A sus veinticinco años, casi veintiséis, se puede considerar que se ha quedado para vestir santos? Algunos dirían que sí. De hecho, la mayoría diría que sí. No obstante, si se descubriera recibiendo las atenciones de un pretendiente, no sería la primera solterona en sorprender a la alta sociedad. Al fin y al cabo, la señorita Eloise Bridgerton tiene casi la misma edad que la señorita Penelope Featherington, y ha recibido dos proposiciones matrimoniales en los últimos dos años.

Tal vez Penelope todavía nos sorprenda a todos...

O tal vez no.

**REVISTA DE SOCIEDAD
DE LADY WHISTLEDOWN**

1822

Seduciendo a Mr. Bridgerton

En el fondo sabía quién era, y esa persona era inteligente, amable y muchas veces incluso ingeniosa, divertida, pero no sabía cómo, su personalidad siempre se le quedaba perdida más o menos entre su corazón y su boca, y se sorprendía diciendo algo erróneo o, con más frecuencia, nada en absoluto.

El 6 de abril de 1812, exactamente dos días antes de que cumpliera los dieciséis años, Penelope Featherington se enamoró.

Fue algo, resumido en una palabra, estremecedor. La tierra tembló, el corazón le dio un vuelco, el momento la dejó sin aliento. Y pudo decirse, con cierta satisfacción, que el hombre involucrado, un tal Colin Bridgerton, se sintió exactamente igual.

¡Ah! No en el aspecto del amor, eso sí. No se enamoró de ella en 1812 (ni en 1813, 1814, 1815, ni, ¡ay, maldición!, en los años 1816-1822, ni en 1823 tampoco, pues en esos periodos estuvo ausente del país). Pero sí tembló la tierra, le dio un vuelco el corazón y (Penelope lo sabía sin la menor sombra de duda) también se quedó sin aliento, unos buenos diez segundos.

Caerse del caballo suele tener ese efecto en un hombre.

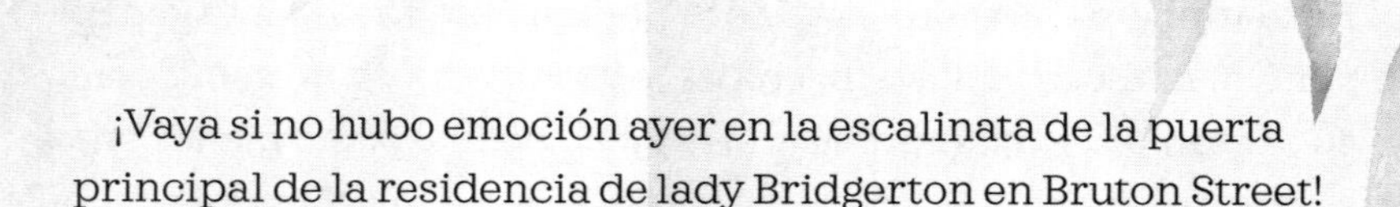

¡Vaya si no hubo emoción ayer en la escalinata de la puerta principal de la residencia de lady Bridgerton en Bruton Street!

La primera fue que se vio a Penelope Featherington en la compañía, no de uno ni de dos, sino de TRES hermanos Bridgerton, ciertamente una proeza hasta el momento imposible para la pobre muchacha, que tiene la no muy buena fama de ser la fea del baile. Por desgracia (aunque tal vez previsiblemente) para la señorita Featherington, cuando finalmente se marchó, lo hizo del brazo del vizconde, el único hombre casado del grupo.

Si la señorita Featherington llegara a arreglárselas para llevar al altar a un Bridgerton eso significaría que habría llegado el fin del mundo tal como lo conocemos, y que esta autora, que no vacila en reconocer que ese mundo no tendría ni pies ni cabeza para ella, se vería obligada a renunciar a esta columna en el acto.

REVISTA DE SOCIEDAD
DE LADY WHISTLEDOWN

13 *de* JUNIO *de* 1817

Seduciendo a Mr. Bridgerton

El amarillo, en cambio, declaró la señora Featherington, era un color «feliz», y una jovencita «feliz» cazaría un marido. En ese momento y lugar, Penelope decidió que era mejor no intentar comprender el funcionamiento de la mente de su madre.

«Me he pasado toda la vida olvidando cosas, no diciéndolas, sin jamás decirle a nadie lo que realmente deseo».

Eran las voces de los tres hermanos Bridgerton mayores: Anthony, Benedict y Colin. Estaban conversando como suelen conversar los hombres, con muchos gruñidos y gastándose bromas entre ellos. A ella siempre le encantaba observar a los Bridgerton cuando hablaban entre ellos de esa manera; ¡qué maravillosa familia formaban!

Los vio a través de la puerta abierta, pero no oyó lo que estaban diciendo hasta que llegó al umbral. Y como para confirmar lo inoportuna que había sido toda su vida, la primera voz que escuchó fue la de Colin, y sus palabras no eran amables:

—... y ciertamente no me voy a casar con Penelope Featherington.

—¡Ah!

La exclamación se le escapó de los labios antes de que pudiera pensar, una especie de chillido que perforó el aire como un silbido desentonado. Los tres hermanos se volvieron para mirarla con caras igualmente horrorizadas, y ella comprendió que se había metido en los que, sin duda, serían los cinco minutos más horribles de toda su vida.

Guardó silencio un buen rato, que le pareció una eternidad, hasta que al fin, y con una dignidad que jamás había ni soñado poseer, miró a Colin a los ojos y dijo:

—Nunca te he pedido que te cases conmigo.

El vizconde que me amó

—Que yo sepa, lady Whistledown se ha equivocado pocas veces —dijo Kate.

Penelope se encogió de hombros y luego miró su vestido con disgusto.

—Ciertamente nunca se equivoca conmigo.

—Por supuesto, a muchas de nosotras no nos falta nunca una pareja de baile, pero me da pena la pobre Penelope cuando la veo sentada con las damas de más edad.

—Las damas de más edad —dijo entonces Penelope entre dientes— a menudo son las únicas personas con un atisbo de inteligencia en la sala.

Seduciendo a Mr. Bridgerton

—Si quieres que tu vida tome otro rumbo, entonces, por el amor de Dios, elige algo y hazlo. Tienes el mundo a tus pies, Colin. Eres joven, rico, y eres «hombre». —La voz le salió amargada, resentida—. Puedes hacer cualquier cosa que desees.

Él la miró enfurruñado, y eso no la sorprendió. Cuando una persona está convencida de que tiene problemas, lo último que desea es oír una solución sencilla y clara.

—No es tan sencillo —dijo él.

—Es exactamente así de sencillo.

Se levantó y se alisó las faldas con un gesto brusco, como a la defensiva.

—La próxima vez que desees quejarte de los sufrimientos y tribulaciones que te causa la adoración universal, trata de ser una solterona por un día. Ve cómo te sientes siéndolo y entonces dime de qué deseas quejarte.

Y entonces, mientras Colin seguía repantigado en el sillón, mirándola boquiabierto como si fuera un bicho raro con tres cabezas, doce dedos en las manos y cola, salió del salón.

Esa era la salida más espléndida de toda su vida, pensó cuando bajaba la escalinata hacia Bruton Street.

El amor no correspondido nunca ha sido fácil,
pero por lo menos Penelope se acostumbró a él.

SEDUCIENDO A MR. BRIDGERTON

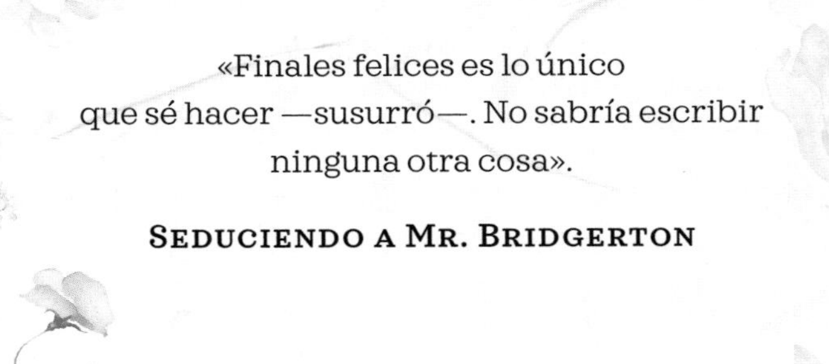

«Finales felices es lo único
que sé hacer —susurró—. No sabría escribir
ninguna otra cosa».

SEDUCIENDO A MR. BRIDGERTON

Seduciendo a Mr. Bridgerton

—¿No es fantástico descubrir que no somos exactamente lo que creíamos ser? —preguntó lady Danbury, acercándosele tanto que solo Penelope la oyó.

Acto seguido la anciana se alejó, y Penelope se quedó pensando si tal vez no sería exactamente lo que creía que era.

Tal vez, solo tal vez, era algo más, aunque solo fuera un poquitín más.

«Soy algo más de lo que crees, Colin —dijo ella, y luego añadió en tono más apacible—: Soy algo más de lo que yo creía».

Siempre recordaba los días de la semana.

Conoció a Colin un lunes.

Lo besó un viernes.

Doce años después.

Suspiró. Más patético imposible.

—Imagínate que yo le dijera a alguien que te seduje.

Penelope se quedó muy, muy quieta.

—Estarías deshonrada para siempre —continuó él, acuclillándose junto al brazo del sofá para quedar al mismo nivel—. No importaría que yo nunca te hubiera besado siquiera. Ese, mi querida Penelope, es el poder de la palabra.

Hay momentos en la vida de una mujer en que el corazón le revolotea en el pecho, en que de pronto el mundo se ve insólitamente de color rosa y perfecto, en que es posible oír una sinfonía en el tilín del timbre de la puerta.

Era el tipo de beso que la envolvía de la cabeza a las puntas de los pies, por la forma como él le mordisqueaba los labios, sus manos apretándole las nalgas y deslizándose por su espalda. Era el tipo de beso que le habría licuado las rodillas y llevado a desmayarse en el sofá, dejándolo hacerle lo que fuera, cuanto más escandaloso mejor, aun cuando estaban a solo unos cuantos metros de los quinientos aristócratas invitados, pero...

—¡Colin! —exclamó, logrando apartar la boca.

—¡Shhh!

—¡Colin, tienes que parar!

Él la miró con ojos de cordero degollado.

—¿Debo hacerlo?

—Sí.

—Supongo que vas a decir que por toda la gente que está cerca.

—No, aunque esa es una buena razón a considerar.

—¿Considerar y rechazar, tal vez? —preguntó él, esperanzado.

Había nacido para ese hombre, y había pasado muchísimos años tratando de aceptar que él había nacido para otra mujer.

Que le demostraran que estaba equivocada era el placer más exquisito imaginable.

«No me habría perdido esto por nada del mundo —dijo lady Danbury—. ¡Je, je, je! Todos esos tontos, tratando de entender qué hiciste para lograr que se casara contigo cuando lo único que hiciste fue ser tú misma».

PENELOPE, según su familia...

«Penelope jamás olvida una cara».

ELOISE, Te doy mi corazón

«Siempre me ha gustado. Tiene más sesos que el resto de su familia toda junta».

LADY DANBURY, Seduciendo a Mr. Bridgerton

«No hay nadie que desee tanto como hermana. Bueno, aparte de las que ya tengo, claro».

ELOISE, Seduciendo a Mr. Bridgerton

—Sé que muchos os sorprendisteis cuando le pedí a Penelope Featherington que se casara conmigo. Yo me sorprendí.

Se oyeron unas cuantas risitas nada amables, pero Penelope se mantuvo inmóvil, muy erguida. Colin diría lo correcto, lo sabía. Colin siempre decía lo correcto.

—No me sorprendió enamorarme de ella —dijo él con énfasis, mirando desafiante a la gente, como diciendo «A ver si se atreven a hacer un comentario»—; lo que me sorprendió fue haber tardado tanto tiempo. La conozco desde hace muchos años, y no sé por qué nunca me había tomado el tiempo para mirar al fondo, para mirar dentro, para ver a la mujer hermosa, inteligente e ingeniosa en la que se había convertido.

Seduciendo a Mr. Bridgerton

06

Daphne

El matrimonio, al parecer, no ha cambiado por completo a la otrora señorita Daphne Bridgerton. Si bien ha pasado con éxito de ser una debutante a ser una duquesa, sigue siendo una dama que ha crecido con cuatro hermanos, tres de los cuales son mayores que ella (y el próximo año los cuatro serán más altos; esta autora está segura de ello). Mientras que la duquesa, un diamante de primera calidad en su época, es un dechado de amabilidad y elegancia, gran parte de su comportamiento solo se explica teniendo en cuenta que ha crecido en una casa con un número tan elevado de ejemplares masculinos de nuestra especie. Por ejemplo:

En la fiesta campestre celebrada en Aubrey Hall la pasada temporada, después del que aseguran que fue un animado partido de palamallo en el cual Eloise, la hermana menor de la duquesa, no participó (al parecer, no porque no lo intentara, según le contaron a esta autora), dicha hermana le contó a un grupito de ávidos oyentes que en una reunión familiar el invierno anterior en Aubrey Hall, la duquesa de Hastings no solo participó en una bulliciosa competición con bolas de nieve, sino que les ganó a todos sus hermanos. La competición se decidió por puntería, no por distancia, y esta autora no puede sino pensar que la habilidad de la duquesa estuvo en parte provocada por el hecho de que la diana fuera el señor Colin Bridgerton, que sacó la pajita más corta esa temporada. (Cabe reseñar que Eloise Bridgerton asegura que tiene mejor puntería que todos sus hermanos juntos. También cabe señalar que, según varias personas que conocen de primera mano el evento anual, nunca ha sacado la pajita más corta.)

Sin embargo, de vuelta a nuestra encantadora duquesa... En el baile de los Mottram la semana pasada, el señor Harry Valentine salvó con galantería a una de las hermanas Smythe Smith de caer sobre la mesa de la limonada después de varios infortunados sucesos en los que se vieron involucrados un perrito, un reloj grande y el bastón de lady Danbury. La duquesa apenas si se había recuperado de que su galante esposo la rescatara de los trozos de cristal cuando se acercó a toda prisa al señor Valentine para curarle la mano herida. Tras los halagos que recibió por su capacidad como enfermera y su absoluta falta de aprensión, la duquesa replicó sin apartar siquiera la mirada de su tarea: «Cuatro hermanos. Ya lo he hecho antes».

Esta autora se pregunta si hay algo de lo que la duquesa de Hastings no sea capaz.

REVISTA DE SOCIEDAD
DE LADY WHISTLEDOWN

1814

El duque y yo

«Quiero un marido. Quiero una familia. Si lo piensa,
no es tan descabellado. Soy la cuarta de ocho hermanos.
Solo conozco el concepto de "familia numerosa".
No sé si sabría vivir de otra manera».

«A mí, de pequeña, solo me demostraron amor y devoción.
Confía en mí, así todo es más fácil».

—Podría hacer algo mucho peor que seguir tu ejemplo, madre —susurró.

—Daphne, cielo —dijo Violet, con los ojos humedecidos—, es una de las cosas más bonitas que me han dicho nunca.

Daphne jugó con un mechón castaño y sonrió, haciendo que el momento sentimental adquiriera un cariz más travieso.

—Seguiré tu ejemplo en lo que al matrimonio y los hijos se refiere, madre, siempre que no tenga que tener ocho.

¿Fueron al baile de lady Danbury anoche? Si no es así, es una lástima. Porque se perdieron el acontecimiento de la temporada. A todos los asistentes les quedó claro, y sobre todo a esta autora, que la señorita Daphne Bridgerton ha llamado la atención del recién llegado de Europa duque de Hastings.

REVISTA DE SOCIEDAD DE LADY WHISTLEDOWN

30 *de* ABRIL *de* 1813

El vizconde que me amó

«Somos una familia sanguinaria, pero nos gusta seguir la tradición».

«No tenemos espíritu deportivo en lo que al palamallo se refiere. Cuando un Bridgerton levanta el mazo, nos convertimos en los peores tramposos y mentirosos. De veras, el juego no tiene tanto que ver con ganar como con asegurarse de que el otro jugador pierde».

El duque y yo

Tal vez Daphne Bridgerton fuera una muchacha en edad casadera y, por lo tanto, un desastre a la vista para un hombre como él, pero realmente era muy graciosa.

En realidad, pensó, era la clase de persona a la que seguramente consideraría su amigo si fuera un hombre.

—¿No tienes que ir a ningún sitio? —le preguntó Daphne con retintín.

Colin se encogió de hombros.

—En realidad, no.

—¿No me acabas de decir —preguntó Daphne, entre dientes— que le habías prometido un baile a Prudence Featherington?

—¡Dios, no! Lo has debido de escuchar mal.

—A lo mejor mamá te está buscando. Es más, creo que la he oído llamarte.

Colin se echó a reír al ver su consternación.

—No deberías ser tan obvia —le dijo en voz baja, aunque no tan baja como para que Simon no pudiera oírlos—. Descubrirá que te gusta.

El cuerpo de Simon se sacudió por el regocijo que apenas fue capaz de disimular.

—No es su compañía la que intento asegurarme —replicó Daphne, mordaz—. Es la tuya la que quiero evitar.

Los hombres, pensó ella disgustada, solo se interesaban por las mujeres que les daban miedo.

—La mayoría cree que soy la amabilidad personificada.

—La mayoría —dijo Simon sin rodeos— son estúpidos.

Daphne ladeó la cabeza, a todas luces sopesando sus palabras.

—Me temo que, por mucho que me duela, tengo que darle la razón.

Simon contuvo una sonrisa.

—¿Le duele darme la razón o que los demás sean estúpidos?

—Las dos cosas —dijo, sonriendo otra vez; una sonrisa encantadora que tenía un efecto de lo más raro en su cerebro—. Pero básicamente lo primero.

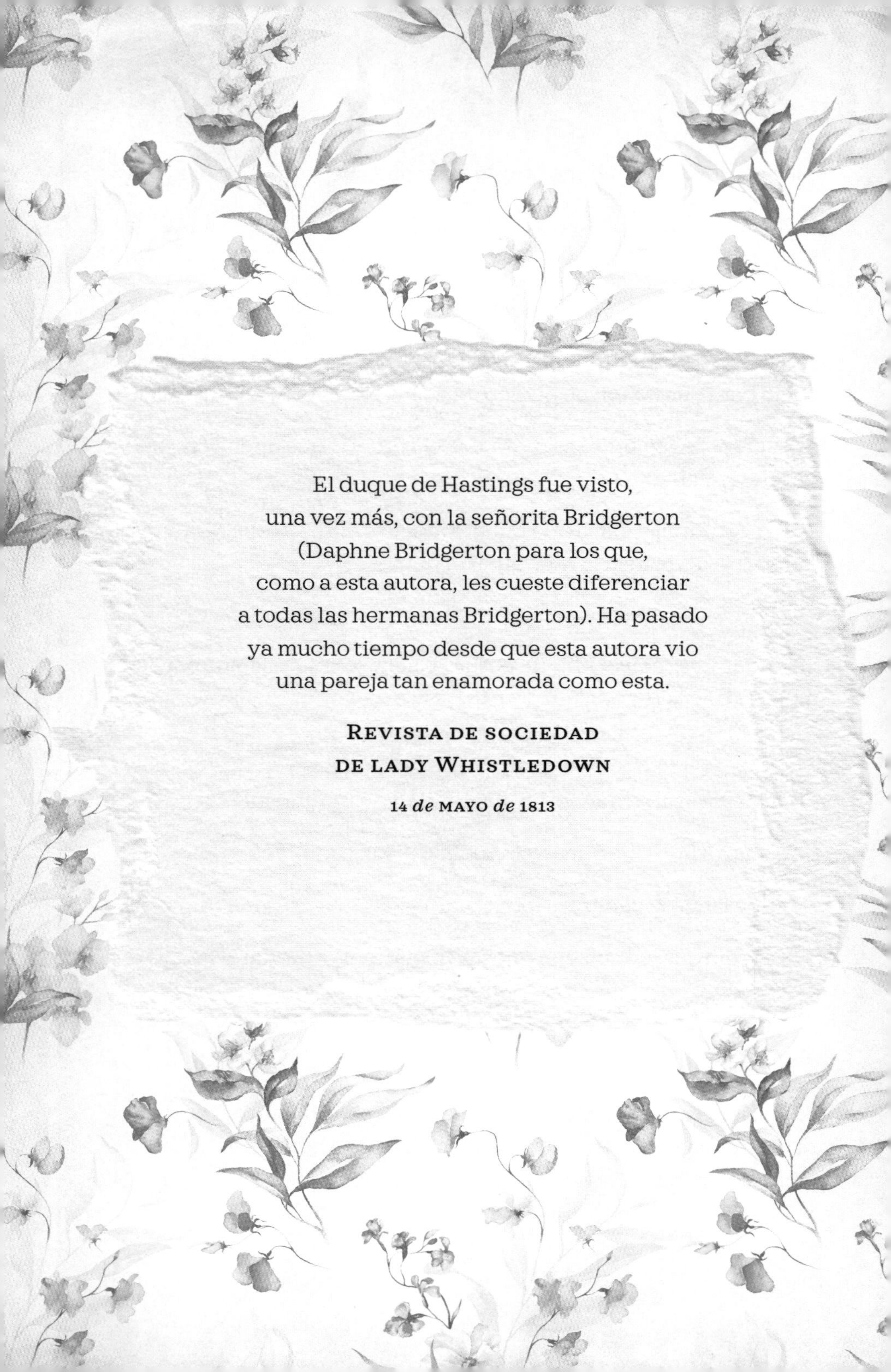

El duque de Hastings fue visto,
una vez más, con la señorita Bridgerton
(Daphne Bridgerton para los que,
como a esta autora, les cueste diferenciar
a todas las hermanas Bridgerton). Ha pasado
ya mucho tiempo desde que esta autora vio
una pareja tan enamorada como esta.

Revista de sociedad de lady Whistledown

14 *de* mayo *de* 1813

«Lo que quiero decirle es que el sentido del humor de un libertino se basa en la crueldad. Necesitan una víctima porque no saben reírse de sí mismos. Usted, en cambio, con esa actitud crítica con usted mismo, es mucho más inteligente».

Y pensó: ¿y si lo besaba? ¿Qué pasaría si se adentraran en el jardín, levantara la cara y dejara que sus labios tocaran los de ella? ¿Vería él lo mucho que lo quería? ¿Vería lo mucho que podría llegar a quererla? Y a lo mejor, solo a lo mejor, vería lo feliz que lo hacía.

Ella intentó decir algo ocurrente, algo seductor. Sin embargo, la valentía le falló en el último momento. Nunca la habían besado y en ese momento, cuando había invitado a Simon a que fuera el primero, no sabía qué hacer.

«Siempre he sabido que no era la mujer por la que los hombres suspiraban, pero nunca pensé que alguien preferiría morir antes que casarse conmigo».

«Todo lo que quiero eres tú —susurró ella—. No necesito el mundo, solo tu amor. Y, a lo mejor —añadió, con una sonrisa torcida—, que te quites las botas».

«Siempre sospeché que los hombres eran idiotas —masculló Daphne—, pero no he tenido la certeza hasta hoy».

Por un beso

—No puedo sentirme duquesa en la sala de estar de mi madre.

—¿Qué se siente, entonces?

—Mmm... —Bebió un trago de té—. Simplemente Daphne Bridgerton, supongo. Es difícil desprenderse del apellido en este clan. En espíritu, quiero decir.

—Espero que eso sea un cumplido —dijo lady Bridgerton.

Daphne miró a su madre con una sonrisa.

—Jamás escaparé de ti, me parece. —Miró a Gareth—. No hay nada como la propia familia para hacerte sentir que no has crecido.

«Al fin y al cabo, con cuatro hermanos,
una siempre tiene que aprovechar la ocasión
de decir "Ya te lo dije" cuando se presenta».

El duque y yo

«Con los años he aprendido
que los hombres anhelan
que los consideren unos libertinos».

El duque y yo

DAPHNE, según su familia...

«Culpo de todo a Daphne y así mi vida es mucho más fácil».

COLIN, El vizconde que me amó

Supuso que podría hablar con Daphne pero, cada vez que iba a verla, su hermana mayor estaba condenadamente feliz y perdidamente enamorada de su marido y de su vida como madre de cuatro hijos. ¿Cómo podría alguien como ella darle consejos a alguien en la situación de Eloise?

A sir Phillip, con amor

«Daphne es la excepción que confirma la regla.
Te encantará».

ANTHONY, El duque y yo

07

Simon

El duque de Hastings es un hombre guapísimo. Y si la señorita Bridgerton es una perita en dulce cuando va de su brazo, ¿en qué convierte eso al atractivo duque? En un sabroso aperitivo, querido lector. Absolutamente delicioso. Dese el capricho con este trocito que llegó a oídos de esta autora después del baile de los Mottram:

Dos damas ya entradas en años, una casada y una viuda, cada una con un vaso de alguna bebida alcohólica y burbujeante en la mano, inclinaron sus copas hacia el duque en lo que solo puede concebirse como auténtica admiración al verlo pasar. Una suspiró como si acabara de beber un sorbo de chocolate por primera vez y la otra emitió un sonido no verbal que fue casi, aunque no sé si me atrevo a decirlo (sí, me atrevo): ¡lascivo!

Sin embargo, ¿tiene el duque más pelo que cerebro en la cabeza? No, querido lector.

El duque no es dado a charlas insustanciales, ni tampoco habla a menudo de su pasado, pero esta autora sabe de buena tinta que se decidió por las Matemáticas en Oxford. Lo que nos lleva a una pregunta: ¿se decidirá el duque por la señorita Daphne Bridgerton cuando le toque elegir a su duquesa?

Revista de sociedad
de lady Whistledown

1813

El duque y yo

El nacimiento de Simon Arthur Henry Fitzranulph Basset, conde de Clyvedon, fue recibido con grandes celebraciones. Las campanas repicaron durante horas, hubo champán para todos para festejar la llegada del recién nacido y todo el pueblo de Clyvedon dejó sus labores para unirse a la fiesta organizada por el padre del joven conde.

—Este no es un niño cualquiera —le dijo el panadero al herrero.

—Es un placer volverte a tener aquí, Clyvedon —dijo Anthony, una vez sentados en las butacas de White's—. Pero supongo que ahora insistirás en que te llame Hastings.

—No —dijo Simon, serio—. Hastings será siempre el nombre de mi padre. Nunca respondía a nada más. —Hizo una pausa—. Heredaré su título, si es necesario, pero no aceptaré su nombre.

—¿Si es necesario? —Anthony abrió los ojos como platos—. Muchos hombres no estarían tan resignados ante la perspectiva de heredar un ducado.

Simon se pasó la mano por el pelo. Sabía que se suponía que debía estar contento por su primogenitura y mostrarse orgulloso de la intachable historia de los Basset, pero la verdad era que todo aquello lo ponía enfermo. Toda la vida había intentado defraudar las expectativas de su padre, y en ese momento le parecía ridículo hacer honor a su nombre.

—Es una maldita carga, eso es lo que es.

Ha llegado a oídos de esta autora que ayer por la noche el duque de Hastings dijo, al menos en seis ocasiones, que no tenía ninguna intención de casarse. Si lo que pretendía era desanimar a las madres ambiciosas, estaba equivocado. Ellas únicamente verán en esas palabras un reto aún mayor.

REVISTA DE SOCIEDAD
DE LADY WHISTLEDOWN

30 *de* ABRIL *de* 1813

Si no podía ser el hijo que su padre quería, juraba por Dios que sería todo lo contrario...

—Prudence toca muy bien el piano.

Simon vio la mueca en la cara de la muchacha y decidió que nunca asistiría a una velada musical en casa de los Featherington.

—Y mi querida Philipa es una excelente pintora de acuarelas.

Philipa sonrió.

—¿Y Penelope? —Algo dentro de Simon lo obligó a preguntarlo.

La señora Featherington lanzó una mirada de pánico a su hija menor, que parecía bastante abatida. Penelope no era una muchacha demasiado atractiva, y los vestidos que le ponía su madre no favorecían en nada su figura algo regordeta. Pero había algo cálido en su mirada.

—¿Penelope? —repitió la señora Featherington, con la voz chillona—. Penelope es..., eh..., bueno, ¡es Penelope! —dijo, con una falsa sonrisa en los labios.

La muchacha miró a su alrededor como si quisiera esconderse debajo de alguna alfombra. Simon decidió que si se veía obligado a bailar con alguna, se lo pediría a Penelope.

Y, precisamente, era esa mirada fría la que le antecedía. Cuando miraba a alguien directamente a los ojos, los hombres se sentían incómodos y las mujeres empezaban a temblar.

—Creo que sé lo que diría su madre.

Daphne parecía aturdida por aquella arremetida pero, aun así, consiguió pronunciar un desafiante:

—¿Ah, sí?

Simon asintió lentamente con la cabeza y le tocó la barbilla con un dedo.

—Le diría que tuviera mucho, mucho miedo.

Se produjo un silencio absoluto y después Daphne puso los ojos como platos. Apretó los labios, como si se estuviera callando algo, levantó los hombros y después... Y después se echó a reír.

—¡Ay, válgame Dios! —exclamó ella—. Ha sido muy gracioso.

A Simon no le hizo ninguna gracia.

—Lo siento. —Lo dijo entre risas—. Lo siento mucho pero, la verdad, no debería ponerse tan melodramático. No va con usted.

A Simon le irritaba bastante que una chiquilla como esa mostrara tan poco respeto por su autoridad. Ser considerado un hombre peligroso tenía sus ventajas, y se suponía que una de ellas era intimidar a las señoritas.

—En fin, debo admitir que sí que va con usted —añadió Daphne, todavía riéndose de él—. Parecía bastante peligroso. Porque esa era su intención, ¿no es así?

Él permaneció callado, así que ella continuó:

—Claro que sí... Y, sinceramente, me halaga que haya creído que era merecedora de tal despliegue de libertinaje ducal. —Y le sonrió, una sonrisa amplia y sincera—. ¿O prefiere «duque libertino»?

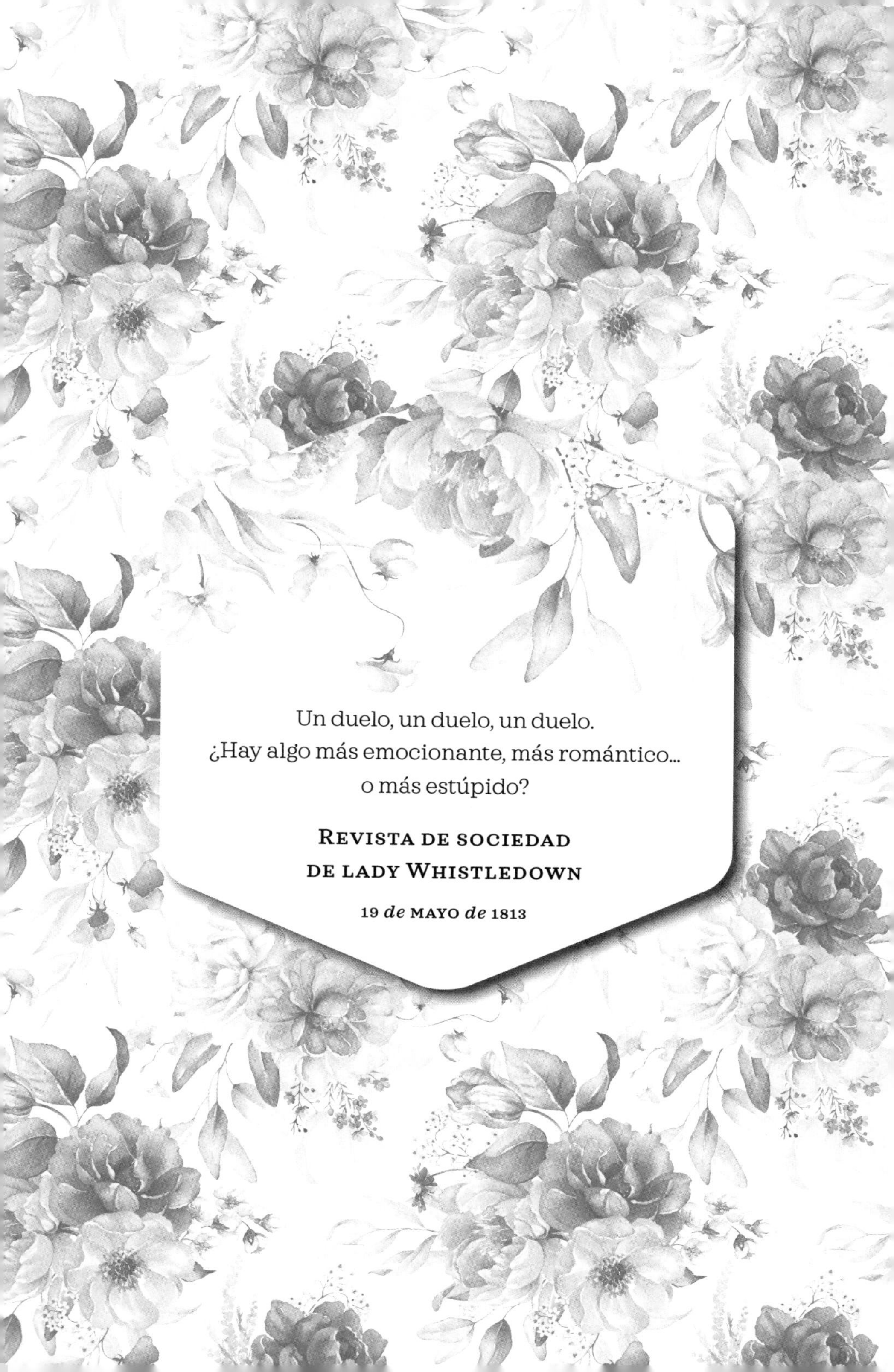

Un duelo, un duelo, un duelo.
¿Hay algo más emocionante, más romántico...
o más estúpido?

Revista de sociedad de lady Whistledown

19 *de* mayo *de* 1813

—Las flores son preciosas —dijo Daphne.

Simon las miró con expresión perezosa mientras hacía girar el ramo sobre su muñeca.

—Sí que lo son.

—Me encantan.

—No son para ti.

Daphne se quedó de piedra.

Simon sonrió.

—Son para tu madre.

Ella entreabrió los labios despacio por la sorpresa y se le escapó un leve suspiro antes de decir:

—¡Ay, pero qué listo eres!

Simon miró a su alrededor.

—¿Dónde está su hermano? Está siendo muy descarada. Seguramente, debería venir alguien para controlarla.

—Estoy segura de que no tardará demasiado en ver a Anthony. De hecho, me sorprende bastante que todavía no haya aparecido. Anoche estaba bastante enfadado. Tuve que soportar un sermón de una hora sobre sus defectos y pecados.

—Le aseguro que los pecados son, en gran parte, exagerados.

—¿Y los defectos?

—Posiblemente sean ciertos —admitió Simon con cierta timidez.

Aquel comentario hizo que Daphne volviera a sonreír.

—En fin, ciertos o no, mi hermano cree que usted trama algo.

—Es que tramo algo.

Daphne ladeó la cabeza con gesto sarcástico y puso los ojos en blanco.

—Cree que trama algo perverso.

—Ya me gustaría a mí —masculló él.

Pese a su actitud serena,
pese a las promesas que le había hecho
a Anthony, se moría por ella. Cuando la veía
al otro lado de una sala llena de gente,
la piel le quemaba y, cuando la veía en sueños,
le ardía el cuerpo.

El duque y yo

Es una verdad universalmente reconocida que un hombre casado y poseedor de una gran fortuna ha de querer un heredero.

REVISTA DE SOCIEDAD DE LADY WHISTLEDOWN

15 *de* DICIEMBRE *de* 1817

—Pensaba que la primera regla de la amistad era no coquetear con la hermana de tu amigo.

Simon sonrió.

—¡Ah! Pero yo no coqueteo. Solo lo hago ver.

Susurró su nombre, le acarició la mejilla.

Daphne abrió los ojos y separó los labios.

Y, al final, fue inevitable.

«N-no es por ti, Daphne. Si pudiera ser cualquiera, serías tú. Pero si te casaras conmigo, te destruirías. Nunca podría darte lo que quieres. Te morirías día a día, y yo no sería capaz de soportarlo».

«¿Nadie te ha dicho que no debes reírte de un hombre cuando está intentando seducirte?».

«No quería nada de esto. No quería una esposa,
no quería una familia y, sobre todo, no quería enamorarme.
Pero lo que me encontré..., para mi desgracia...,
es que era casi imposible no quererte».

«Tendremos que hacer ver
que entre nosotros
ha saltado la chispa».

El duque y yo

SIMON, según su familia...

«Anthony nos ha dicho muchas cosas insultantes sobre usted. Y por eso estoy seguro de que seremos grandes amigos».

COLIN, EL DUQUE Y YO

—No lo sabes —dijo Anthony, en voz baja, casi temblorosa por la rabia—. No sabes lo que ha hecho.
—No más de lo que has hecho tú, de eso estoy segura —replicó Violet.
—¡Exacto! —exclamó Anthony—. ¡Dios! Sé exactamente lo que está pensando, y te prometo que no tiene nada que ver con rosas y poesía.

EL DUQUE Y YO

«Si no recuerdo mal, era bastante revoltoso. Siempre estaba en desacuerdo con su padre, pero era un chico brillante. Estoy casi segura de que Anthony dijo que sacó nota de honor en Matemáticas. Y eso —añadió al tiempo que ponía los ojos en blanco con un gesto muy maternal— es más de lo que puedo decir de ninguno de mis hijos».

EL DUQUE Y YO

08

Eloise

Hace algunos años, lady Bridgerton comentó que la señorita Eloise Bridgerton sería una excelente adición a la Oficina de Guerra. Esta autora conoce dicha información porque la señorita Hyacinth Bridgerton la oyó por casualidad y le contó la historia a la señorita Felicity Featherington, quien tal vez la haya repetido (o tal vez no) en presencia de su madre. Y como todo Londres sabe, una vez que un chismorreo cae en las garras de la señora Featherington, es como si lo hubiera publicado el *Sunday Times*.

O esta columna.

Sin embargo, es imposible no preguntarse qué provocó semejante afirmación. Lady Bridgerton todavía era la señorita Sheffield en aquel momento y, por lo tanto, era imposible que supiera que Eloise Bridgerton es una tiradora excepcional. Si bien es cierto que para una dama es una ventaja poder unirse a una cacería, a la mayoría de los hombres no le hace gracia alguna que una mujer los supere con un arma y, de hecho, sus hermanos se niegan a competir contra ella en las competiciones de tiro.

(En opinión de esta autora eso está muy feo por su parte. Son muy malos perdedores, sinceramente.)

Quizá la otrora señorita Sheffield se refería en cambio al chispeante ingenio de la señorita Bridgerton y a su gran retentiva para los detalles, dos cualidades que a estas alturas son legendarias. De hecho, más de un miembro de la alta sociedad ha especulado con la posibilidad de que sea lady Whistledown.

No lo es. Esta autora puede asegurarlo. Y lo sabe de buena tinta.

Revista de sociedad de lady Whistledown

1822

Te doy mi corazón

«Lo sé todo. Eso ya deberías saberlo».

—Que a las mujeres no se nos permita estudiar en colegios como Eton o Cambridge no significa que nuestra educación no sea importante —despotricó Eloise, como si no hubiera oído su débil «Lo sé»—. Además... —siguió.

Benedict se desmoronó contra la pared.

—... soy de la opinión de que el motivo de que no se nos permita el acceso a colegios es que si nos lo permitieran, ¡os derrotaríamos en todas las asignaturas!

Seduciendo a Mr. Bridgerton

Cuando Eloise quería algo no paraba hasta tenerlo firmemente cogido. No era por dinero, codicia ni bienes materiales. Lo de ella era por conocimiento. Le gustaba saber cosas, y pinchaba y pinchaba hasta que uno le dijera exactamente lo que deseaba saber.

—Pero eso no explica dónde estuviste toda la semana —dijo Eloise, que lo miró con los ojos entornados.

—¿Te han dicho que eres muy fisgona? —le preguntó Benedict.

—¡Ah! Todo el tiempo. ¿Dónde estuviste?

—E insistente también.

—Es la única manera de ser.

A sir Phillip, con amor

... y verás por qué no podía aceptar su proposición. Era demasiado grosero y siempre estaba de un humor de perros. Me gustaría casarme con un hombre refinado y considerado que me tratara como a una reina. O, al menos, como a una princesa. Estarás de acuerdo conmigo en que lo que pido no es descabellado.

De ELOISE BRIDGERTON a su mejor amiga, Penelope Featherington, en una carta enviada por mensajero después de que Eloise recibiera su primera proposición de matrimonio.

«Tenía que hacer algo —dijo—. No podía quedarme viendo pasar la vida por delante de mí como si nada».

A SIR PHILLIP, CON AMOR

Hombres...
El día que aprendieran a aceptar
un error, se convertirían en mujeres.

A sir Phillip, con amor

Seduciendo a Mr. Bridgerton

«Me siento muy a gusto con mi soltería. —Miró a Colin con un cierto aire de superioridad—. Prefiero con mucho ser una solterona a estar casada con un pelmazo».

El corazón de una Bridgerton

—Deberías ir a hablar con él —le dijo Eloise a Francesca dándole un codazo.

—¿Por qué?

—Porque está aquí.

—También están aquí otros cien hombres —replicó Francesca—, con los que podría casarme.

—Yo solo veo a tres con los que consideraría la posibilidad de prometer obediencia —masculló Eloise—, y ni siquiera estoy segura de eso.

Hyacinth se encogió de hombros y hundió la aguja en su desastroso bordado.

—La gente sigue hablando de él —dijo despreocupadamente—. Las damas se desmayan como idiotas con solo oír su nombre, deberías saberlo.

—No hay otra manera de desmayarse —terció Eloise.

A sir Phillip, con amor

—Tú también deberías leer un libro, Eloise —sugirió Benedict—. Alimentan el alma.

—No necesito alimentar nada —respondió—. Dame un revólver.

—No te voy a dar ningún revólver —dijo Benedict—. Ya no tengo más.

—Pues podemos compartir uno —gruñó Eloise—. ¿Has probado alguna vez a compartir algo? Alimenta el alma.

—Eres muy impaciente —dijo Violet, mirando la puerta—. Siempre lo has sido.

—Ya lo sé —dijo Eloise, que no sabía si su madre la estaba regañando y, si así era, por qué había elegido ese momento para hacerlo.

—Es algo que siempre me ha gustado de ti —dijo Violet—. Siempre me ha gustado todo de ti, claro, pero, por alguna razón, tu impaciencia siempre me ha parecido encantadora. Y no es porque siempre quisieras más, sino porque siempre lo querías todo.

Eloise no estaba tan convencida de que fuera algo bueno.

—Lo querías todo para todos, y querías saberlo y aprenderlo todo y...

Por un segundo, Eloise pensó que su madre había terminado, pero entonces, Violet se giró y continuó:

—Nunca te has conformado con la segunda opción, y eso es muy bueno, Eloise. Me alegro de que rechazaras todas esas proposiciones de matrimonio en Londres. Ninguno de esos hombres te habría hecho feliz. No habrías sido desgraciada, pero tampoco feliz.

Eloise abrió los ojos, sorprendida.

—Pero no dejes que la impaciencia te defina —le dijo Violet, con dulzura—. Porque eres mucho más que eso. Eres mucho más que eso y a veces tengo la sensación de que lo olvidas.

Y entonces se lo explicó todo. Le explicó lo de las proposiciones de matrimonio que le habían hecho, que Penelope no había recibido ni una y cómo solían hacer planes para envejecer juntas, como dos solteronas. Y luego le explicó lo culpable que se había sentido cuando Penelope y Colin se casaron y ella no podía dejar de pensar en lo sola que estaba.

Le explicó todo eso y más. Le explicó qué le pasaba por la cabeza y por el corazón, y le dijo cosas que jamás le había dicho a nadie. Y, de repente, se le ocurrió que, para ser una mujer que apenas podía estar con la boca cerrada, tenía muchas cosas que jamás había compartido con nadie.

Y, al final, cuando terminó (en realidad, no se dio cuenta de que había terminado, solo se quedó sin energía y calló), Phillip alargó el brazo y la tomó de la mano.

—No pasa nada —dijo.

Y Eloise supo que era verdad. Era verdad.

No, no necesitaba a alguien perfecto. Solo necesitaba a alguien perfecto para ella.

Le encantaba cómo sonreía, torciendo ligeramente la boca, como un niño, y siempre sorprendido, como si no diera crédito de su felicidad.

Le encantaba cómo la miraba, como si fuera la mujer más hermosa del mundo cuando ella sabía, perfectamente, que no lo era.

Le encantaba que escuchara lo que tenía que decir y cómo no se dejaba intimidar por ella. Incluso le encantaba la manera que tenía de decirle que hablaba demasiado porque casi siempre lo decía con una sonrisa y porque, claro, era verdad.

Y le encantaba cómo, incluso después de decirle que hablaba demasiado, la seguía escuchando.

Le encantaba cómo quería a sus hijos.

Le encantaba su honor, su honestidad y su pícaro sentido del humor.

Y le encantaba cómo ella encajaba en su vida y él en la de ella.

Era muy agradable. Estaba bien.

Y, al final, descubrió que allí estaba su lugar.

Hay tantas cosas que espero enseñarte, pequeña.
Y espero hacerlo predicando con el ejemplo, pero también siento la necesidad de ponerlo por escrito. Es una manía mía, una que espero que descubras y te parezca graciosa cuando leas esta carta.

Sé fuerte.

Sé aplicada.

Sé concienzuda. Jamás se consigue nada escogiendo el camino fácil. (A menos, claro, que el camino ya sea fácil de por sí. A veces, sucede. En tal caso, no te busques uno nuevo más complicado. Solo los mártires van a buscar los problemas de manera deliberada.)

Quiere a tus hermanos. Ya tienes dos y, si Dios quiere, vendrán más. Quiérelos mucho, porque llevan tu sangre y cuando dudes o tengas problemas, ellos serán los que estarán a tu lado.

Ríete. Ríete mucho y con ganas. Y, cuando las circunstancias pidan silencio, convierte la risa en sonrisa.

No te conformes. Descubre lo que quieres y persíguelo.
Y si no sabes lo que quieres, ten paciencia. Todas las respuestas llegarán a su debido tiempo y verás que tus deseos han estado frente a ti todo el tiempo.

Y recuerda, recuerda siempre que tienes un padre y una madre que se quieren y que te quieren.

Ahora mismo oigo que te estás poniendo nerviosa. Tu padre está haciendo unos ruidos muy raros y seguro que se enfada si no me alejo del escritorio y me voy a la cama.

Bienvenida al mundo, pequeña.
Estamos todos encantados de conocerte.

De ELOISE BRIDGERTON, LADY CRANE,
a su hija Penelope, recién nacida.

ELOISE,
según su familia...

«Haces que la vida sea especial, Eloise —dijo Anthony—. Siempre has tomado tus propias decisiones, siempre lo has tenido todo bajo control. Puede que a ti no te lo pareciera, pero es así».

A SIR PHILLIP, CON AMOR

«Esa niña sería capaz de sonsacarle los secretos a Napoleón».

VIOLET, TE DOY MI CORAZÓN

Francesca daría su vida por Eloise, lógicamente, y no había en el mundo ninguna mujer que supiera más de sus secretos y pensamientos que su hermana, pero la mitad del tiempo podría estrangularla alegremente.

EL CORAZÓN DE UNA BRIDGERTON

Había dos cosas que la caracterizaban: le gustaba actuar deprisa y era muy tenaz. Una vez, Penelope la describió como un perro cuando encuentra un hueso, que no lo suelta por nada. Y era verdad.

A SIR PHILLIP, CON AMOR

09

Francesca

Francesca Stirling, la condesa de Kilmartin, vestía de azul la otra noche.

Ni negro, ni gris ni lavanda, querido lector. Azul.

Esto solo puede significar una cosa. Y no es la distracción comentada por su hermana, la señorita Hyacinth Bridgerton: «Bueno, es que le gusta el azul». (Gracias, Hyacinth.)

Francesca Stirling, la condesa viuda de Kilmartin, está sopesando la idea de volver a casarse.

Y para que nadie piense que esto es una suposición demasiado aventurada que hacer basándonos solo en el color del vestido, la señorita Eloise Bridgerton lo dijo claramente: la condesa viuda está sopesando la posibilidad de volver a casarse. Pero hasta ella insinuó haberse sorprendido por la actitud de su hermana.

Claro que esto no es inusual teniendo en cuenta que lady Kilmartin siempre ha sido la más reservada de los Bridgerton. Esta autora tiene la impresión de que, cada vez que descubre algo que ha hecho la tercera de las Bridgerton, ha pasado tanto tiempo que el asunto en sí no puede considerarse una novedad.

Revista de sociedad de lady Whistledown

1824

Te doy mi corazón

—Madre te ha dicho —dijo Hyacinth, de catorce años— por lo menos mil veces...

—¿Mil veces? —preguntó Francesca con las cejas arqueadas.

—Cien veces —se corrigió Hyacinth, mirando furiosa a su hermana— que no traigas tus remiendos al té.

Sophie tuvo que reprimir una sonrisa.

—Me sentiría una holgazana si no los trajera —dijo.

—Bueno, yo no voy a traer mi bordado —declaró Hyacinth, aunque nadie le había pedido que lo trajera.

—¿Te sientes una holgazana? —le preguntó Francesca.

—En lo más mínimo —replicó Hyacinth.

—Has hecho que Hyacinth se sienta como una holgazana —le dijo Francesca a Sophie.

—¡No me siento como una holgazana! —protestó Hyacinth.

—Llevas demasiado tiempo trabajando en el mismo bordado, Hyacinth —dijo lady Bridgerton, después de beber un sorbo de té—. Desde febrero, si no me falla la memoria.

—Nunca le falla la memoria —explicó Francesca a Sophie.

Hyacinth le dirigió una mirada furibunda a Francesca, que se llevó la taza de té a los labios mientras sonreía.

Sophie tosió para ocultar su sonrisa. Francesca, que a sus veinte años era solo un año menor que Eloise, tenía un sentido del humor pícaro y provocador. Algún día Hyacinth estaría a su altura, pero aún no había llegado ese momento.

El corazón de una Bridgerton

No le gustaba que le frustraran sus planes, ni le gustaba reconocer que podría ser incapaz de ordenar a su satisfacción su mundo, y a las personas que lo habitaban.

A sir Phillip, con amor

—¿Qué le dijiste a Francesca? —preguntó Eloise.

—¿Cómo?

—A Francesca —repitió Eloise, refiriéndose a su hermana pequeña, que se había casado hacía seis años y que, trágicamente, había enviudado a los dos años de casada—. ¿Qué le dijiste cuando se casó? Me has hablado de Daphne, pero no de Francesca.

Los ojos azules de Violet se tornaron tristes, como siempre que pensaba en su tercera hija, que había enviudado tan joven.

—Ya conoces a Francesca. Supongo que ella me hubiera podido decir un par de cosas a mí.

Eloise contuvo la respiración.

—No me refiero a eso, claro —se apresuró a añadir Violet—. Pero ya conoces a Francesca. Siempre ha sido muy astuta y despierta. Supongo que sobornó a alguna de las doncellas para que se lo explicara muchísimo antes.

Eloise asintió. No quería decirle a su madre que Francesca y ella se habían gastado los ahorros para sobornar a una doncella. Pero había valido la pena. La explicación de Annie Mavel había sido muy detallada y, como Francesca le había dicho más tarde, absolutamente correcta.

¡Qué agitación y prisas en Bruton Street!
El viernes por la mañana vieron salir corriendo de su casa a la vizcondesa viuda de Bridgerton acompañada por su hijo Benedict.
El señor Bridgerton prácticamente arrojó a su madre dentro de un carruaje, y al instante partieron como alma que lleva el diablo.
Francesca y Hyacinth se quedaron en la puerta, y esta autora ha sabido de muy buena tinta que se oyó exclamar a Francesca una palabra muy impropia de una dama.

Revista de sociedad de lady Whistledown

16 *de* junio *de* 1817

El corazón de una Bridgerton

Francesca le puso más mermelada a la magdalena.

—Estoy comiendo, Hyacinth.

Hyacinth se encogió de hombros.

—Yo también, pero eso no me impide tener una conversación inteligente.

—La voy a matar —dijo Francesca, a nadie en particular, lo cual era lógico pues no había nadie más.

—¿Con quién hablas? —preguntó Hyacinth.

—Con Dios. Y creo que tengo el permiso divino para asesinarte.

—¡Bah! Si eso fuera tan fácil yo habría tenido permiso para eliminar a la mitad de los aristócratas hace años.

En ese momento Francesca decidió que no todos los comentarios de Hyacinth necesitaban réplica. De hecho, muy pocos la necesitaban.

A Francesca no le hacía ninguna gracia considerarse cobarde, pero cuando la única otra opción era ser una tonta, prefería la cobardía. Alegremente.

Francesca no pudo evitar sonreír.

—Yo sí —dijo en voz baja—. Deseo tener un bebé.

—Eso me pareció.

—¿Por qué no me lo has preguntado?

Violet ladeó la cabeza.

—¿Por qué tú nunca me preguntaste por qué no me volví a casar?

Francesca sintió que abría la boca. No debería sorprenderse tanto por la perspicacia de su madre.

—Si fueras Eloise, creo que te habría dicho algo —contestó Violet—. O cualquier otra de tus hermanas, ya puestas. Pero tú... —Sonrió, nostálgica—. Tú no eres como ellas. Nunca lo has sido. Ya de niña eras diferente. Y necesitabas mantener cierta distancia.

Impulsivamente Francesca le tomó la mano y se la apretó.

—Te quiero, ¿lo sabes?

—Más bien lo sospechaba —dijo Violet, sonriendo.

Nadie le había dicho lo triste que se sentiría. ¿A quién se le iba a ocurrir decírselo? Pero aunque alguien, como su madre, que también quedó viuda joven, le hubiera explicado el dolor que sentía, no lo habría entendido. ¿Cómo iba a entenderlo?

Era una de esas cosas que había que experimentar para entenderlas.

Y, ¡ay!, cómo deseaba no pertenecer a ese club de la tristeza.

—La realidad —continuó Kate— es que la mayor parte de la humanidad tiene más pelo que sesos. Si quieres que la gente se dé cuenta de que estás en el mercado matrimonial, tienes que dejarlo muy claro. O mejor dicho, nosotras debemos dejarlo muy claro por ti.

Francesca tuvo una terrible visión y se imaginó a sus familiares persiguiendo a los hombres hasta que los pobres echaban a correr hacia la puerta entre alaridos.

Buscando esposa

Aquel era un sitio raro para un banco, delante de una arboleda. Pero tal vez ese fuera el quid de la cuestión: dar la espalda a la casa... y a sus numerosos habitantes. Francesca decía a menudo que, después de pasar un día o dos con toda la familia Bridgerton, los árboles eran buena compañía.

El corazón de una Bridgerton

Jamás se le había ocurrido pensar que Michael le ocultara secretos. ¡A ella! A todos los demás, tal vez, pero no a ella.

Y eso la hacía sentirse desorientada, confundida. Era como si alguien hubiera puesto un montón de ladrillos debajo de la pared meridional de Kilmartin House, y le hubiera dejado el mundo ladeado. Hiciera lo que hiciese, pensara lo que pensase, todavía tenía la impresión de estar deslizándose. Hacia dónde, no lo sabía, y no se atrevía a hacer suposiciones.

Sin embargo, no le cabía duda de que el suelo que pisaba ya no era firme.

Son muchas las cosas en la vida
que causan miedo, pero la rareza no debería
estar entre ellas.

El corazón de una Bridgerton

—No me puedo creer que nadie me lo haya dicho.

—Has estado en Escocia.

—De todos modos —insistió ella, malhumorada.

Michael se limitó a reírse de su fastidio, el maldito.

—Es como si yo no existiera —continuó, tan irritada que lo miró feroz.

—Vamos, yo no diría...

—¡Ah, sí! —dijo ella, con mucha energía—. Francesca.

—Frannie... —Parecía encontrar el asunto muy gracioso.

—¿Alguien se lo ha dicho a Francesca? —dijo ella, imitando bastante bien a los miembros de su familia—. ¿La recordáis? ¿La sexta de los ocho? ¿La de los ojos azules?

—Frannie, no seas tonta.

—No soy tonta, solo me hacen el vacío.

—Yo creía que te gustaba estar algo separada de tu familia.

—Bueno, sí —gruñó ella—, pero eso no viene al caso.

Amaba a Michael.

No solo como amigo, sino como marido y amante. Lo amaba con la misma intensidad y profundidad con la que había amado a John; era diferente porque ellos eran hombres distintos y ella había cambiado, pero también era igual. Era el amor de una mujer por un hombre, y le llenaba todos los recovecos del corazón.

Ella era distinta. Siempre se había sentido
diferente del resto de su familia.
Los quería de todo corazón y daría su vida
por cualquiera de ellos, pero aunque por fuera
era una Bridgerton, por dentro siempre
se sentía como si al nacer
la hubieran cambiado por otra.

El corazón de una Bridgerton

FRANCESCA, según su familia...

Eloise necesitaba a sus hermanas. Bueno, a Hyacinth no, que solo tenía veintiún años y no sabía nada de hombres. Necesitaba a una de sus hermanas casadas. A Daphne, que siempre sabía qué decir, o a Francesca, que, aunque nunca decía lo que se quería oír, siempre lograba arrancar una sonrisa.

A sir Phillip, con amor

... disfrutarías aquí, aunque no del calor, me parece; a nadie le gusta este calor. Pero todo lo demás te encantaría. Los colores, las especias, el aroma del aire; te provocan una especie de bruma sensual que resulta inquietante y a veces embriagadora. Creo que, por encima de todo, te encantarían los jardines. Se parecen bastante a nuestros parques de Londres, aunque aquí son más verdes y exuberantes, llenos de las flores más extraordinarias que hayas visto jamás. Siempre te ha gustado estar al aire libre, en medio de la naturaleza, y esto te encantaría, estoy seguro.

De MICHAEL STIRLING (NUEVO CONDE DE KILMARTIN) a la condesa de Kilmartin, un mes después de su llegada a la India

El corazón de una Bridgerton

... sí, por supuesto. Francesca es una maravilla. Pero tú ya lo sabías, ¿no?

De HELEN STIRLING a su hijo, el conde de Kilmartin, dos años y nueve meses después de su marcha a la India

El corazón de una Bridgerton

10

Gregory

¿Los hombres pueden ser presentados en sociedad? Si es así, el benjamín de los hermanos Bridgerton (que sería Gregory, para aquellos que viven debajo de una piedra) tuvo su presentación el pasado jueves en el baile anual de lady Danbury. Los corazones femeninos se revolucionaron como era de esperar, ya que la versión G de Bridgerton se parece mucho a las versiones A, B y C. Sin embargo, a diferencia de las versiones A y B, G está soltero y, por tanto, disponible; y a diferencia de C, se encuentra de forma muy conveniente dentro de los confines de nuestra gran nación.

¿Dónde está Colin Bridgerton estos días? ¿En el norte de Francia? ¿En el sur de España? ¿Al este noroeste de Sajonia? Esta autora lo desconoce.

Sin embargo, volvamos al joven Gregory. Esta autora teme que si la alta sociedad debe contar con un hermano Bridgerton en la escena social, tendrá que conformarse con el benjamín. ¿Estará la versión G a la altura? A juzgar por la reacción de todas las jóvenes solteras, salvo por su hermana Hyacinth, la respuesta es sí.

REVISTA DE SOCIEDAD DE LADY WHISTLEDOWN

1823

Buscando esposa

A diferencia de la mayoría de sus conocidos, Gregory Bridgerton creía en el amor verdadero.

Tendría que haber sido un necio para no creer en él. Ha de tenerse en cuenta lo siguiente:

Su hermano mayor, Anthony.

Su hermana mayor, Daphne.

Sus otros hermanos, Benedict y Colin, por no hablar de sus hermanas Eloise, Francesca e (irritante pero cierto) Hyacinth, todos ellos (todos) estaban felizmente enamorados de sus cónyuges.

Para la mayoría de los hombres, tal situación solo sería frustrante, pero para Gregory, que había nacido con un espíritu extraordinariamente alegre, si bien fastidioso de cuando en cuando (según su hermana pequeña), ello solo significaba que no le quedaba más remedio que creer lo obvio:

El amor existía.

Gregory era, a decir de todos, un londinense bastante típico, con una renta cómoda (aunque en absoluto exuberante), montones de amigos y una cabeza lo bastante despejada como para saber cuándo dejar una mesa de juego. En el mercado matrimonial era considerado un partido bastante bueno, aunque no precisamente de los mejores (los cuartos hijos nunca llamaban mucho la atención), y las señoras de la alta sociedad siempre recurrían a él cuando necesitaban un soltero apetecible para equilibrar el número de invitados a una cena.

«Es reconfortante tener una familia, creo. Es la sensación de..., de saberlo, supongo. Sé que están ahí —dijo Gregory—, que, si alguna vez tengo problemas o simplemente necesito hablar con alguien, siempre puedo recurrir a ellos».

—Yo tengo un hermano —dijo ella—. Le encanta atormentarme.

Gregory asintió gravemente con la cabeza.

—Para eso están los hermanos.

—¿Usted atormenta a sus hermanas?

—Solo a la más joven, casi siempre.

—Porque es más pequeña.

—No, porque se lo merece.

Por un beso

—Bueno —dijo él, exhalando un exagerado suspiro—, tienes mi aprobación, por lo menos.

—¿Por qué? —preguntó ella, desconfiada.

—Sería un matrimonio excelente —dijo él—. Si no en otra cosa, piensa en los hijos.

Sabiendo que lo lamentaría, ella cedió a la necesidad de preguntar:

—¿Qué hijos?

Él sonrió de oreja a oreja.

—Todos los lindos y ceceantes hijitos que podríais tener. Imagínate: Garezz y Hyacinzz. Hyacinz y Garez. Y los zublimes críoz Zanclair.

Movió la cabeza de lado a lado.

—Cómo se las arregló mi madre para dar a luz a siete hijos perfectamente normales y a un fenómeno es algo que escapa a mi comprensión.

—Por aquí ze va a la zala de los niñoz —rio Gregory mientras ella entraba en su habitación—, donde veremoz a los monízimoz Zarah y Zamuel Zanclair. Y, ¡ah, zí!, no olvidemoz a la pequeñina Zuzannah.

A sir Phillip, con amor

—Yo me rindo —masculló Gregory—. Todavía no he desayunado.

—Tendrás que pedir que te lo preparen —dijo Colin—. Me lo he comido todo.

Gregory suspiró irritado.

—Es una suerte que, aun siendo el pequeño, no me haya muerto de hambre —gruñó.

Colin se encogió de hombros.

—Si quieres comer, tienes que ser más rápido.

Anthony los miró, molesto.

—¿Acaso crecisteis en un orfanato? —les preguntó.

«Los hombres no chismorreamos.
Hablamos».

Buscando esposa

Buscando esposa

«Espero ingresar en el clero. No tengo muchas alternativas —dijo Gregory. Y, al pronunciar aquellas palabras, cayó en la cuenta de que era la primera vez que las decía. De alguna forma, aquello las hacía más reales, más permanentes—. Es el ejército o el clero —continuó—. Y, bueno, hay que reconocerlo: tengo una pésima puntería».

—¿Qué tal va tu cortejo? —le preguntó Kate.

Anthony aguzó las orejas.

—¿Su cortejo? —repitió, y su cara asumió su expresión habitual, esa que parecía decir: «Obedéceme, soy el vizconde»—. ¿Quién es ella?

Gregory miró a Kate con reproche. No había hablado de sus sentimientos con su hermano. No sabía por qué; seguramente era en parte porque no había visto mucho a Anthony esos días. Pero había algo más. Aquella no parecía ser la clase de cosa que uno deseaba compartir con un hermano. Sobre todo, con un hermano que era más bien un padre.

Eso por no hablar de que... si no tenía éxito...

En fin, no le apetecía que su familia lo supiera.

Pero tendría éxito. ¿Por qué dudaba de sí mismo? Anteriormente, incluso cuando la señorita Watson le había tratado como si fuera un fastidio, había estado seguro de cuál sería el resultado. No tenía sentido que ahora que su amistad iba consolidándose, dudara de pronto de sí mismo.

Como cabía esperar, Kate ignoró su irritación.

—Me encanta que no sepas algo —le dijo a su marido—. Sobre todo, cuando yo sí lo sé.

Anthony se volvió hacia su hermano.

—¿Estás seguro de que quieres casarte con una como esta?

—No exactamente como esta —respondió Gregory—, pero parecida.

Siempre había imaginado que el amor sería así. Enorme, repentino y completamente embriagador.

Y al mismo tiempo, de alguna manera, abrumador.

Era una suerte que los hombres no pudieran tener hijos. Gregory no tenía reparos en admitir que, de poder tenerlos, la especie humana se habría extinguido hacía muchas generaciones.

—No diré una palabra —prometió Hyacinth, agitando la mano como si en toda su vida hubiera hablado cuando no le tocaba.

Gregory soltó un bufido.

—¡Oh, por favor!

—No lo haré —protestó ella—. Se me da de maravilla guardar un secreto, siempre y cuando sepa que es un secreto.

—¡Ah! Entonces lo que quieres decir es que no posees sentido de la discreción.

Hyacinth entrecerró los ojos.

Gregory levantó las cejas.

—¿Cuántos años tenéis? —terció Violet—. ¡Santo cielo! No habéis cambiado nada desde que ibais con andador. Casi temo que empecéis a tiraros del pelo en cualquier momento.

Gregory apretó la mandíbula y miró resueltamente al frente. No había nada como un rapapolvo materno para que uno se sintiera insignificante.

Tenía tan mala puntería que no podía darle a nada que se moviera, y era una suerte que no tuviera que cazar para alimentarse.

«¿Cree que puede cambiar según quién lo sienta? Si amara usted a alguien de verdad, profundamente, ¿no cree que eso lo sería... todo?».

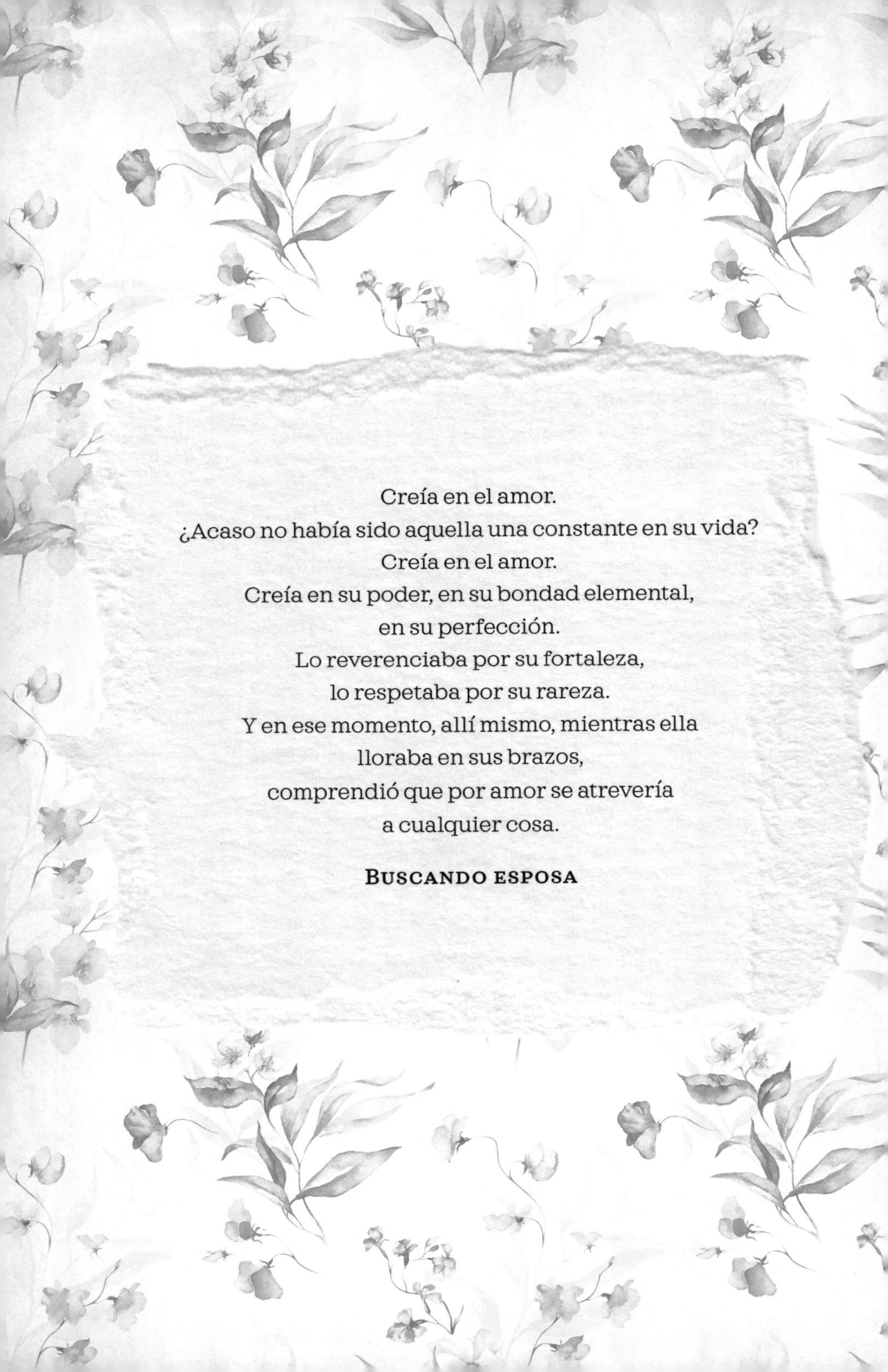

Creía en el amor.
¿Acaso no había sido aquella una constante en su vida?
Creía en el amor.
Creía en su poder, en su bondad elemental,
en su perfección.
Lo reverenciaba por su fortaleza,
lo respetaba por su rareza.
Y en ese momento, allí mismo, mientras ella
lloraba en sus brazos,
comprendió que por amor se atrevería
a cualquier cosa.

Buscando esposa

Gregory se sentó al otro lado del banco y empezó a cortar en trocitos su pan. Cuando tuvo un buen puñado, los arrojó todos a la vez; después se recostó en el banco para contemplar el alboroto de plumas y picos.

Notó que Lucy lanzaba metódicamente sus trozos de pan, uno tras otro, exactamente cada tres segundos.

Los fue contando. ¿Cómo no iba a hacerlo?

—La bandada me ha abandonado —dijo ella con el ceño fruncido.

Gregory sonrió cuando la última paloma se acercó saltando a su festín. Entonces arrojó otro puñado.

—Yo siempre doy las mejores fiestas.

Nunca había pedido ayuda a sus hermanos, nunca les había rogado que lo sacaran de un apuro. Era un hombre relativamente joven. Había bebido, jugado, coqueteado con mujeres.

Pero nunca se había excedido con la bebida, ni había jugado más de la cuenta, ni, hasta la noche anterior, había coqueteado con una mujer que arriesgara su reputación por estar con él.

No había buscado responsabilidades, pero tampoco problemas.

Sus hermanos siempre lo habían visto como a un niño. Incluso en ese momento, a sus veintiséis años, sospechaba que no lo consideraban un hombre hecho y derecho. Por eso no les pedía ayuda. Nunca se había colocado en situación de tener que necesitarla.

Hasta ese momento.

Tenía las probabilidades en contra. Extremadamente en contra. Pero siempre había sido de los que animaban al caballo perdedor. Y si había justicia en el mundo, si flotaba en el aire alguna equidad existencial, si el «trata a los demás como te gustaría que te trataran a ti» tenía alguna retribución, sin duda él merecía la suya.

El amor existía.

Él lo sabía. Y que lo colgaran si no existía para él.

GREGORY,
según su familia...

«Anthony, Benedict, Colin y Gregory. Estos tres —dijo Eloise, refiriéndose a la A, la B y la C— son mis hermanos mayores. Este —dijo, señalando a Gregory con un gesto desdeñoso— no es más que un mocoso».

A sir Phillip, con amor

«Solo quería decir que nunca has tenido que esforzarte mucho por conseguir tus objetivos. Si eso es el resultado de tu capacidad o de tus objetivos, ya no estoy segura».

VIOLET, Buscando esposa

Violet suspiró.
—Hyacinth, vas a ser mi muerte.
—No, yo no —replicó Hyacinth—; será Gregory.

Seduciendo a Mr. Bridgerton

11

Hyacinth

La señorita Hyacinth Bridgerton ha sido presentada en sociedad esta semana, y si bien se comportó de forma admirable y realizó una genuflexión de lo más elegante cuando fue presentada ante el rey, a esta autora no le pasó desapercibido que su madre la observaba como un halcón, con una expresión un tanto aprensiva en todo momento.

Era como si lady Bridgerton anticipara un desastre.

Revista de sociedad
de lady Whistledown

1821

El duque y yo

Las mujeres Bridgerton son muy exigentes, ¿lo sabía? Hyacinth lo miró con una mezcla de suspicacia y regocijo. Al final, ganó la suspicacia. Apoyó las manos en las caderas y entrecerró los ojos.

—¿Se está burlando de mí?

Simon le sonrió.

—¿A usted qué le parece?

—Me parece que sí.

—Y a mí me parece que he tenido suerte de que no hubiera charcos alrededor.

Hyacinth se quedó pensativa un instante.

—Si decide casarse con mi hermana...

Daphne se atragantó con la tarta.

—... tendrá mi visto bueno.

Simon estaba perplejo.

—Pero si no es así —continuó Hyacinth, con una tímida sonrisa—, le quedaría muy agradecida si me esperara.

Por un beso

—Yo creía —dijo ella, pasado un momento— que lo único que habría hecho mejor mi vida era tener un padre.

Él guardó silencio.

—Siempre que me enfadaba con mi madre —continuó ella, sin moverse de la puerta—, o con uno de mis hermanos o hermanas, pensaba «Ojalá tuviera padre. Todo sería perfecto, y seguro que él se pondría de mi parte». —Lo miró, con los labios curvados en una preciosa sonrisilla torcida—. Claro que él no se habría puesto de mi parte, puesto que la mayoría de las veces yo estaba equivocada, pero me consolaba muchísimo pensarlo.

—¡*Touché*, señorita Bridgerton!

Hyacinth suspiró de felicidad.

—Mis tres palabras favoritas.

Violet bebió un sorbo de té.

—No sé si sabrías distinguir el tipo de hombre adecuado para ti ni aunque llegara a nuestra puerta montado en un elefante.

—Creo —repuso Hyacinth— que el elefante sería una muy buena señal de que debo buscar en otra parte.

En realidad, a nadie le caía mal Hyacinth, ella exudaba cierto encanto que le ganaba la simpatía de todo el mundo, pero el consenso era que mejor en pequeñas dosis. «A los hombres no les gustan las mujeres que son más inteligentes que ellos —había dicho uno de los amigos de Gareth más listos—, y Hyacinth Bridgerton no es el tipo de mujer que finja estupidez».

—Sé que se considera indecoroso demostrar las emociones —dijo Violet—, y de ninguna manera te recomendaría entregarte a nada que se pueda considerar histrionismo, pero a veces es útil confiarle a alguien lo que se siente.

Hyacinth levantó la vista y miró a su madre a los ojos.

—Rara vez tengo dificultad para decir cómo me siento.

—Dime, Hyacinth —continuó lady Danbury, inclinándose hacia ella—. ¿Cómo están tus perspectivas este último tiempo?

—Habla igual que mi madre —dijo Hyacinth dulcemente.

—Eso es un cumplido de primera clase —replicó lady Danbury—. Me gusta tu madre, a mí, que no me cae bien nadie.

—Se lo diré.

—¡Bah! Ella ya lo sabe, y has eludido mi pregunta.

—Mis perspectivas —repuso Hyacinth—, como dice usted tan delicadamente, están igual que siempre.

—Ese es el problema. Necesitas un marido, mi querida niña.

—¿Está segura de que no está mi madre escondida detrás de las cortinas apuntándole los parlamentos?

—¿Lo ves?—dijo lady Danbury con una sonrisa de oreja a oreja—. Lo haría muy bien en el teatro.

Hyacinth la miró fijamente.

—Se ha vuelto loca, ¿lo sabía?

—¡Bah! Simplemente soy lo bastante vieja para decir lo que pienso. Lo disfrutarás cuando tengas mi edad, te lo prometo.

—Lo disfruto ahora —dijo Hyacinth.

—Es cierto —concedió lady Danbury—. Y probablemente a eso se debe que sigas soltera.

Seduciendo a Mr. Bridgerton

Violet se sentó al lado de Hyacinth, enfrente de Penelope y Eloise.

—Pero dime, ¿qué quiso decir Colin al ordenarnos que nos pegáramos a ti como cola?

—La verdad es que no lo sé.

Violet la miró con los ojos entrecerrados, como evaluando su sinceridad.

—Muy categórica la nota. Subrayó la palabra «cola», ¿sabes?

—La subrayó dos veces —añadió Hyacinth—. Si su tinta hubiera sido más oscura, habría tenido que salir a matar un caballo yo misma.

«No me importa no ser
adorada por todo el mundo.
Si deseara caerle bien a todo el mundo,
tendría que ser amable, encantadora,
sosa y aburrida todo el tiempo,
¿y dónde estaría la gracia?».

Por un beso

«Me encanta tener razón.
Hace que la vida sea mucho
más conveniente, ¿no crees?».

Por un beso

Por un beso

—¿De qué estáis hablando? —les preguntó Hyacinth.

—Si no lo sabes —contestó lady Danbury, altivamente—, quiere decir que no has puesto atención, así que fastídiate.

Hyacinth la miró boquiabierta.

—Bueno —dijo, puesto que la alternativa era no decir nada, y no le gustaba hacer eso.

—¿Por qué no te has casado? —repitió Violet—. ¿Quieres casarte alguna vez?

—Por supuesto.

Y era cierto. Lo deseaba más de lo que reconocería nunca, tal vez incluso más de lo que había creído hasta ese momento. Contempló a su madre y vio a una matriarca, a una mujer que amaba a su familia con una ferocidad que le hacía brotar lágrimas en los ojos. Y en ese momento comprendió que deseaba amar con dicha ferocidad. Deseaba tener hijos. Deseaba una familia.

Pero eso no significaba que estuviera dispuesta a casarse con el primer hombre que se presentara. Ella era, por encima de todo, una persona pragmática; sería feliz si se casaba con un hombre al que no amara, siempre que él fuera buena pareja en casi todos los demás aspectos. Pero, ¡por el amor de Dios!, ¿era demasiado pedir que un caballero tuviera aunque fuera un poquito de inteligencia?

—Es diabólica —dijo Gregory—. Probablemente por eso no conseguimos casarla.

—¡Gregory! —exclamó Hyacinth, pero solo porque lady Bridgerton se había disculpado y seguido a un criado hasta el vestíbulo.

—¡Pero si es un cumplido! —protestó Gregory—. ¿No has esperado toda la vida a que yo esté de acuerdo en que eres más inteligente que cualquiera de los pobres tontos que han intentado cortejarte?

—Tal vez te cueste creerlo —replicó Hyacinth—, pero no me voy a la cama cada noche pensando «¡Ay! Ojalá mi hermano me dijera algo que en su retorcida mente pase por un cumplido».

—¿Por qué tengo la impresión de que siempre llevas la cuenta de las cosas y, cuando menos lo espero, te pones de un salto delante de mí para exigirme un favor?

Hyacinth la miró y parpadeó.

—¿Y para qué iba a saltar?

Lady Danbury dio un golpe en el suelo con su bastón y el pie derecho de Hyacinth escapó por un pelo.

—¿Alguna de las dos ha visto a mi nieto?

—¿Qué nieto? —preguntó Hyacinth.

—¿Qué nieto? —repitió lady Danbury, impaciente—. ¿Qué nieto? El único que me cae bien, ese.

Hyacinth ni siquiera se molestó en disimular su sorpresa.

—¿El señor Saint Clair va a venir esta noche?

—Lo sé, lo sé —repuso lady Danbury entre risas—. Ni yo me lo creo. No dejo de esperar que un rayo de luz celestial atraviese el techo.

Penelope arrugó la nariz.

—Creo que eso es blasfemia, pero no estoy segura.

—No lo es —dijo Hyacinth, sin siquiera mirarla—. ¿Y por qué va a venir?

Lady Danbury esbozó una sonrisa perezosa, parecida a la de una serpiente.

—¿Y por qué estás tan interesada?

—Siempre me interesan los chismorreos —repuso Hyacinth con absoluta sinceridad—. Acerca de todo el mundo. Eso usted ya debería saberlo.

—Y sé que muchas veces es bastante difícil quererme —continuó ella, dejando salir el aliento de modo entrecortado, como cuando la persona no logra creerse del todo lo que está diciendo.

Y de repente Gareth se enteró de que algunas cosas llegan como un relámpago; y que hay ciertas cosas que uno simplemente las sabe sin ser capaz de explicarlas. Porque mientras la miraba, lo único que podía pensar era «no».

No.

Sería bastante fácil amar a Hyacinth Bridgerton.

No supo de dónde le vino ese pensamiento, ni en qué extraño recoveco de su mente llegó a esa conclusión, porque estaba muy seguro

de que sería casi imposible «vivir» con ella, pero, en cierto modo, sabía que no sería en absoluto difícil quererla.

Gareth miró a Gregory.

—Tu hermana estará segura conmigo —le dijo—. Te lo prometo.

—¡Ah! No tengo la menor preocupación respecto a eso —repuso Gregory, con su apacible sonrisa—. La verdadera pregunta es: ¿estarás tú seguro con ella?

El corazón de una Bridgerton

—No es educado chismorrear, Hyacinth —dijo Violet.

—No es un chismorreo —replicó Hyacinth—. Es información detallada.

HYACINTH, según su familia...

... estoy de acuerdo en que el rostro del señor Wilson tiene ciertas semejanzas con el de un anfibio, pero me gustaría que aprendieras a ser un poco más cauta con tus palabras. Aunque jamás lo consideraría un candidato aceptable para el matrimonio, no es un sapo, y que mi hermana pequeña lo llame así, en su presencia, me deja en mal lugar.

ELOISE BRIDGERTON, a su hermana Hyacinth, después de rechazar su cuarta proposición de matrimonio

A sir Phillip, con amor

—No la atormento porque me guste —dijo Gregory—. Lo hago porque es necesario.

—¿Para quién?

—Para toda Inglaterra —respondió él—, créame.

Buscando esposa

—Entraste en la familia por matrimonio. Tienes que quererme. Eso es una obligación contractual.

—Es curioso, no recuerdo que eso estuviera en los votos matrimoniales.

—Sí que es curioso, yo la recuerdo perfectamente.

Penelope la miró riendo.

—No sé cómo lo haces, Hyacinth, pero por irritante que seas, siempre te las arreglas para ser encantadora.

Por un beso

—Sabes que te quiero muchísimo, Hyacinth, pero te gusta tener el dominio en la conversación.

VIOLET, Por un beso

12

Violet

Tal vez Violet Bridgerton sea la madre favorita de la alta sociedad. Legendario es su deseo de ver a sus hijos felizmente casados, y desde luego que ya ha lanzado a cuatro de ellos a la dicha conyugal. Pero, querido lector, solo son cuatro de ocho, y no hay que ser un hacha en matemáticas para comprender que solo ha conseguido la mitad de su objetivo.

¿Se acercará más lady Bridgerton a la línea de meta esta temporada social? Esta autora titubea a la hora de hacer una predicción, pero si es necesario, diría que es más que improbable. Los dos menores, Gregory y Hyacinth, todavía no están en edad casadera. Y los otros dos que quedan solteros, Colin y Eloise, no muestran inclinación a casarse.

Sin embargo, lady Bridgerton encuentra consuelo y alegría en su creciente multitud de nietos. Siete en el último recuento: cuatro de los duques de Hastings; dos de los vizcondes de Bridgerton, y uno del señor Benedict Bridgerton y su esposa. (Los nombres, para aquellos que valoran este tipo de información, son: Amelia, Belinda, Charlotte, David, Edmund, Miles y Charles.)

¡Ah! Pero ¿he dicho siete? Justo antes de que esta columna fuera a la imprenta, esta autora se ha enterado de un rumor: Sophie Bridgerton está esperando su segundo hijo. ¡Enhorabuena a la abuela Violet!

Revista de sociedad de lady Whistledown

1819

Te doy mi corazón

—Y gracias por bailar con Penelope.

Él medio le sonrió irónico. Los dos sabían que esas palabras no eran un agradecimiento, sino un recordatorio.

El duque y yo

La frase «No me gusta tu tono» era la respuesta habitual de Violet cuando uno de sus hijos tenía razón en una discusión.

Por un beso

—Además —añadió Hyacinth, pensando en esa manera vagamente desdeñosa con la que siempre la miraba el señor Saint Clair—, no creo que yo le caiga muy bien.

—¡Tonterías! —exclamó Violet, con toda la indignación de una madre—. Le caes bien a todo el mundo.

Hyacinth reflexionó sobre eso un momento.

—No, creo que no a todo el mundo.

—Hyacinth, soy tu madre y sé...

—Madre, eres la última persona a la que alguien le diría que yo no le caigo bien.

El duque y yo

Violet parpadeó varias veces, y Daphne vio que su madre tenía los ojos humedecidos. Entonces se dio cuenta de que nunca nadie le había regalado flores. Al menos, no desde que su padre murió hacía diez años. Violet era tan madraza que Daphne se había olvidado de que también era una mujer.

El corazón de una Bridgerton

«¡Ah! Eso no es culpa de tu madre —dijo lady Danbury—. Ella no es la culpable de la sobreabundancia de imbéciles en nuestra sociedad. ¡Por el amor de Dios! Ha criado a ocho hijos, y no hay ningún idiota entre vosotros. —Miró a Francesca con una expresión elocuente—. Eso es un cumplido, por cierto».

A sir Phillip, con amor

Violet siempre parecía saber lo que sus hijos necesitaban, y eso tenía mucho mérito, teniendo en cuenta que eran ocho, y muy distintos entre ellos, cada uno con sus esperanzas y sus sueños.

Los Bridgerton son, de lejos, la familia más prolífica de las altas esferas sociales de Londres. Tanta productividad por parte de la vizcondesa y el difunto vizconde es de agradecer, a pesar de que la elección de los nombres solo puede calificarse de banal. Anthony, Benedict, Colin, Daphne, Eloise, Francesca, Gregory y Hyacinth; el orden alfabético, obviamente, resulta beneficioso en todos los aspectos, aunque uno podría creer que los padres deberían ser lo bastante inteligentes como para reconocer a sus hijos sin necesidad de alfabetizarlos.

Revista de sociedad de lady Whistledown

26 *de* abril *de* 1813

Por un beso

—Madre —dijo Hyacinth, en tono muy solícito—, sabes que te quiero muchísimo...

—¿Por qué será que he aprendido a no esperar nada bueno cuando oigo una frase que comienza de esa manera?

Te doy mi corazón

—No es culpa mía que todos mis hijos sean extraordinariamente parecidos.

—Si no podemos echarte la culpa a ti, ¿a quién, entonces? —le preguntó Benedict.

—A tu padre, totalmente —replicó lady Bridgerton con aire satisfecho. Miró a Sophie—: Todos se parecen mucho a mi difunto marido.

Por un beso

—Pero no es eso lo que quiero decirte —continuó Violet, y en sus ojos apareció una expresión ligeramente resuelta—. Lo que quiero decirte es que cuando naciste y te pusieron en mis brazos... es curioso, porque, no sé por qué, estaba convencida de que serías igual que tu padre. Estaba segura de que te miraría y vería su cara, y eso sería una especie de señal del cielo.

Hyacinth retuvo el aliento, observándola, y pensando por qué su madre nunca le había contado esa historia. Y por qué ella nunca se lo había pedido.

—Pero no te parecías —continuó Violet—. Te parecías más a mí. Y entonces... En fin. Esto lo recuerdo como si fuera ayer. Me miraste a los ojos y parpadeaste. Dos veces.

—¿Dos veces? —repitió Hyacinth, mientras se preguntaba por qué eso sería tan importante.

—Dos veces. —Violet la miró, con los labios curvados en una extraña sonrisilla—. Solo lo recuerdo porque me pareció que lo hacías con intención. Fue de lo más extraño. Me miraste como diciendo: «Sé muy bien lo que hago».

Un leve suspiro escapó de los labios de Hyacinth, y se dio cuenta de que en realidad era una carcajada. Una carcajada breve, de las que sorprendían al cuerpo.

—Y después lanzaste un alarido —dijo Violet, que sacudió la cabeza—. ¡Santo cielo! Pensé que ibas a arrancar la pintura de las paredes. Y entonces sonreí. Era la primera vez que sonreía desde que murió tu padre.

Violet tomó una honda bocanada de aire y después agarró la taza de té. Hyacinth la observó mientras se serenaba, mientras deseaba con desesperación pedirle que continuase, pero algo le dijo que ese momento exigía silencio.

Esperó, un minuto entero, hasta que por fin su madre dijo en voz baja:

—Y a partir de ese momento, me has sido muy querida. Quiero a todos mis hijos, pero tú... —Levantó la vista y la miró a los ojos—. Tú me salvaste.

«Pronto aprenderás que, ante una situación en que quedan en ridículo, todos los hombres tienen la imperativa necesidad de echarle la culpa a otra persona».

El duque y yo

«Yo me sentía muy triste; no sabría explicarte lo triste que me sentía. Hay un tipo de aflicción que te corroe, te come, te hunde. Y no se puede... —Violet se quedó callada, movió los labios y las comisuras de la boca se le tensaron como cuando la persona está tragando saliva e intentando no llorar—. En fin, no se puede hacer nada. No hay manera de explicarlo, a menos que lo hayas sentido».

El corazón de una Bridgerton

—¿Por qué nunca te volviste a casar?

Violet entreabrió ligeramente los labios y Francesca vio, sorprendida, que le brillaban los ojos.

—¿Sabes que esta es la primera vez que uno de vosotros me hace esa pregunta?

—No puede ser —repuso Francesca—. ¿Estás segura?

Violet asintió con la cabeza.

—Ninguno de mis hijos me lo ha preguntado. Lo recordaría.

—No, no, claro que lo recordarías —se apresuró a decir Francesca. Pero lo encontraba muy... raro. Y desconsiderado, la verdad. ¿Por qué ninguno de ellos le había hecho esa pregunta a su madre? Esa era la pregunta más candente imaginable. Y aun en el caso de que a ninguno de ellos le importara la respuesta para satisfacer una curiosidad personal, ¿no comprendían lo importante que era para Violet?

¿Acaso no deseaban conocer a su madre? ¿Conocerla de verdad?

A sir Phillip, con amor

Violet Bridgerton nunca había querido nada, pero sus mejores bazas eran su sabiduría y su amor y, mientras la veía alejarse hacia la puerta, Eloise descubrió que era más que su madre, era todo lo que ella aspiraba a ser.

Y no pudo creerse que hubiera tardado tanto en darse cuenta.

Buscando esposa

Violet puso los ojos en blanco.

—Todos los días me maravillo de que hayáis llegado a adultos.

—¿Temías que nos matáramos el uno al otro? —preguntó Gregory.

—No, temía mataros con mis propias manos.

Seduciendo a Mr. Bridgerton

—Lo sé, lo sé —dijo Hyacinth sin el más leve asomo de arrepentimiento—. Debo ser más señorita.

—Si lo sabes, ¿por qué no lo haces? —dijo Violet, muy metida en su papel de madre.

«Mis hijos nunca me decepcionan
—dijo Violet en voz baja—.
Solo... me dejan maravillada».

A sir Phillip, con amor

A sir Phillip, con amor

—¿Qué les ha dicho a los niños? —preguntó Phillip, enseguida.

—No lo sé —respondió Eloise, con sinceridad—. Solo he intentado actuar como mi madre. —Se encogió de hombros—. Parece que ha funcionado.

El duque y yo

Sin embargo, Hyacinth Bridgerton, que a los diez años no debería saber nada de besos, parpadeó y dijo:

—Creo que ha sido muy bonito. Si ahora se ríen, posiblemente se reirán siempre. —Se volvió hacia su madre—. Eso es algo bueno, ¿no?

Violet tomó la mano de su hija pequeña y se la apretó.

—La risa siempre es bonita, Hyacinth. Gracias por recordárnoslo.

VIOLET, según su familia...

«Es la maldición de la maternidad.
Nos quieres incluso cuando te sacamos de quicio».

DAPHNE, El duque y yo

Nada de Juana de Arco, no. Su madre era Violet de Mayfair, y ni la enfermedad, ni la peste ni amantes pérfidos la detendrían en su empresa de ver a sus ocho hijos felizmente casados.

Por un beso

... sé que no te digo muy a menudo, querida madre,
lo agradecida que estoy de ser tu hija. No es habitual
que un progenitor ofrezca tanto tiempo y comprensión a un hijo.
Y es menos habitual todavía que un progenitor considere
a uno de sus hijos su amigo. Te quiero, mamá.
ELOISE BRIDGERTON a su madre, después de rechazar
su sexta proposición de matrimonio.

A sir Phillip, con amor

13

Lady Danbury

El tema de la columna de hoy es, sorprendentemente, el gato de Lady Danbury. Seguro que todo el mundo ha oído hablar del infame minino y de la ciega devoción de la condesa viuda por ese animal que otros han descrito como «espantoso», «tiránico» o incluso «mejor evitarlo cruzando la calle».

(Mientras escribe esto, esta autora ha llegado a la conclusión de que todos esos epítetos y frases se le pueden aplicar a la propia lady Danbury.)

Sin embargo, parece que la bestia ha estado pachucha últimamente. Esta autora sabe de buena tinta que lady Danbury envió sus disculpas por no asistir al té de los Hastings, y le explicó a la otrora señorita Bridgerton (que sería D por «Daphne» y ahora D por «duquesa») que su gato la necesitaba.

La marquesa de Riverdale (que sería E por «Elizabeth» y seguramente ahora E por «espantada») dio un respingo ante la mención del minino de lady Danbury, al tiempo que sacudía su rubia y bien peinada cabeza mirando de un lado a otro mientras preguntaba: «¿dónde?».

Lady Danbury, no obstante, retomó sus visitas habituales unos días después y aseguró a todo aquel que quiso escucharla (y, la verdad, ¿quién se atreve a negarse?) que su peludo compañero (que sería M por «minino» y seguramente M por «monstruoso») había recuperado el vigor y la salud.

Revista de Sociedad de Lady Whistledown

1816

Por un beso

Lección Número Uno en el trato con lady Danbury: Nunca reveles debilidad.

Lección Número Dos (lógicamente): En caso de duda, ve a la Lección Número Uno.

El duque y yo

Lady Danbury levantó las cejas y, cuando estaba a un metro de ellos, se paró y dijo:

—¡No disimuléis! ¡Ya me habéis visto!

Por un beso

«No me gusta nada esta moda actual del tedio —continuó lady Danbury, asiendo su bastón y golpeando el suelo con él—. ¡Ja! ¿Desde cuándo es delito manifestar interés por las cosas?».

Esta autora sería negligente si no dijera que el momento más comentado de la fiesta de cumpleaños de anoche en Bridgerton House no fue el emocionante brindis por lady Bridgerton (su edad no se ha de revelar), sino la impertinente oferta que hiciera lady Danbury de dar mil libras a la persona que desenmascare...

A mí.

Hagan lo que quieran, damas y caballeros de la aristocracia. No tienen la más mínima posibilidad de resolver este misterio.

Revista de sociedad de lady Whistledown

12 *de* abril *de* 1824

El vizconde que me amó

«El mundo sería un lugar mucho más feliz si la gente me escuchara antes de casarse. Podría dejar decididas todas las parejas del Mercado Matrimonial en tan solo una semana».

El duque y yo

—Señorita Bridgerton, yo de usted cortaría esto de raíz.

—¿Le ha dicho al señor Berbrooke dónde estoy?

Lady Danbury le mostró una sonrisa cómplice.

—Siempre supe que me caerías bien. Y no, no se lo he dicho.

—Gracias —dijo Daphne, agradecida.

—Sería una lástima que te casaras con ese cabeza de chorlito, porque perderíamos a una persona sensata —dijo lady Danbury—. Y bien sabe Dios que no podemos permitirnos perder la poca sensatez que nos rodea.

Por un beso

Lady Danbury se giró para mirarla con la cara arrugada por una expresión que bien podría ser una sonrisa.

—Siempre me has caído bien, Hyacinth Bridgerton.

—A mí siempre me ha caído bien usted también.

—Supongo que eso se debe a que vas a leerme de vez en cuando —replicó lady Danbury.

—Voy una vez a la semana.

—De vez en cuando, una vez a la semana, ¡bah! —dijo lady Danbury restándole importancia al asunto con un gesto de la mano—. Si no es diario, no tiene mérito.

Seduciendo a Mr. Bridgerton

—¡Lady Danbury! —exclamó Penelope, acercándose a la anciana—. ¡Qué agradable verla!

—A nadie le resulta agradable verme —dijo lady Danbury en tono agudo—, a excepción tal vez de mi sobrino, y la mitad de las veces hasta lo dudo. Pero gracias por mentir de todos modos.

El corazón de una Bridgerton

—Lady Danbury —dijo Francesca—, me alegro mucho de verla. ¿Se lo está pasando bien esta noche?

Lady Danbury golpeó el suelo con su bastón sin ningún motivo aparente.

—Me lo estaría pasando muchísimo mejor si alguien me dijera qué edad tiene tu madre.

—No me atrevo.

—¡Bah! ¿A qué viene tanto secretismo? Ni que fuera mayor que yo.

—¿Y qué edad tiene usted? —le preguntó, con un tono tan dulce como astuta era su sonrisa.

En el arrugado rostro de lady Danbury apareció una sonrisa.

—¡Je, je, je! Eres muy lista, ¿eh? No creas que voy a decírtelo.

—Entonces comprenderá que yo tenga esa misma lealtad hacia mi madre.

—Mmm —masculló lady Danbury, golpeando nuevamente el suelo con el bastón, para enfatizar sus palabras—. ¿Para qué organizar una fiesta de cumpleaños si nadie sabe qué se celebra?

Seduciendo a Mr. Bridgerton

—Lady Danbury, ¡qué agradable verla!

—¡Je, je, je! —El arrugado rostro de lady Danbury pareció casi joven de nuevo por la intensidad de su sonrisa—. Siempre es agradable verme, digan lo que digan.

«Mi objetivo en la vida es ser un peligro para el mayor número posible de personas».

Por un beso

El vizconde que me amó

—¡Bridgerton! ¡Eh, Bridgerton! Deténgase de inmediato. ¡Le estoy hablando!

Anthony soltó un gruñido y se dio media vuelta. Lady Danbury, el ogro de la aristocracia. No había manera de continuar sin hacerle caso. No tenía ni idea de cuántos años tenía. ¿Sesenta? ¿Setenta? Fueran los que fuesen, era una fuerza de la naturaleza, y nadie se atrevía a no hacerle caso.

—Lady Danbury —dijo, intentando no parecer resignado al tirar de las riendas de su caballo—. ¡Qué placer verla!

Seduciendo a Mr. Bridgerton

—¡Señorita Featherington! —exclamó lady Danbury llegando a su lado y golpeando con su bastón a un centímetro del pie de Penelope—. Usted no —le dijo a Felicity, aun cuando esta solo se había limitado a sonreír amablemente—. Usted —le dijo a Penelope.

—Eh..., buenas noches, lady Danbury —dijo Penelope, pensando que el saludo contenía un buen número de palabras, tomando en cuenta las circunstancias.

—Llevo toda la noche buscándola —declaró lady Danbury.

A Penelope le pareció un tanto sorprendente.

—¿Ah, sí?

—Sí. Quiero hablar con usted sobre el anuncio que hace en su última hoja esa mujer Whistledown.

—¿Conmigo?

—Sí, con usted —gruñó lady Danbury—. Me encantaría hablar con otra persona si me señalara a alguna con más de medio cerebro.

Por un beso

—Muy bien —dijo lady Danbury en un tono muy malhumorado, que, incluso para ella, era excesivo—. No diré ni una palabra más.

—¿Nunca más?

—Hasta... —dijo la condesa firmemente.

—¿Hasta cuándo? —preguntó Hyacinth, desconfiada.

—No lo sé —contestó lady Danbury con el mismo tono.

Seduciendo a Mr. Bridgerton

—Esto es lo mejor que he visto en la vida —susurró Eloise con alegría—. Puede que en el fondo sea una mala persona, porque nunca había sentido tanta felicidad por la caída en desgracia de otra persona.

—¡Paparruchas! —exclamó lady Danbury—. Yo no soy mala persona y esto me parece delicioso.

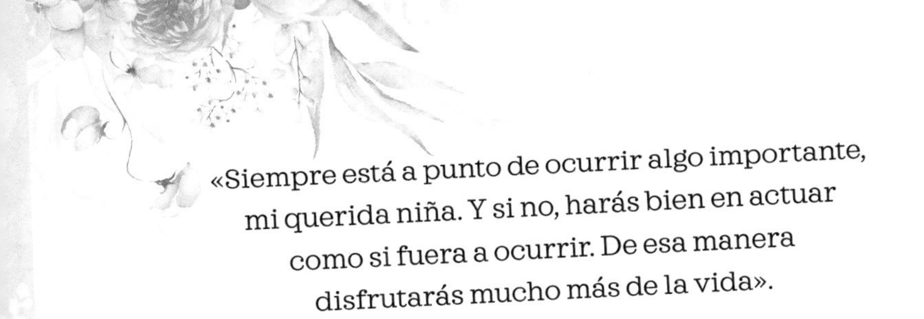

«Siempre está a punto de ocurrir algo importante, mi querida niña. Y si no, harás bien en actuar como si fuera a ocurrir. De esa manera disfrutarás mucho más de la vida».

Por un beso

Por un beso

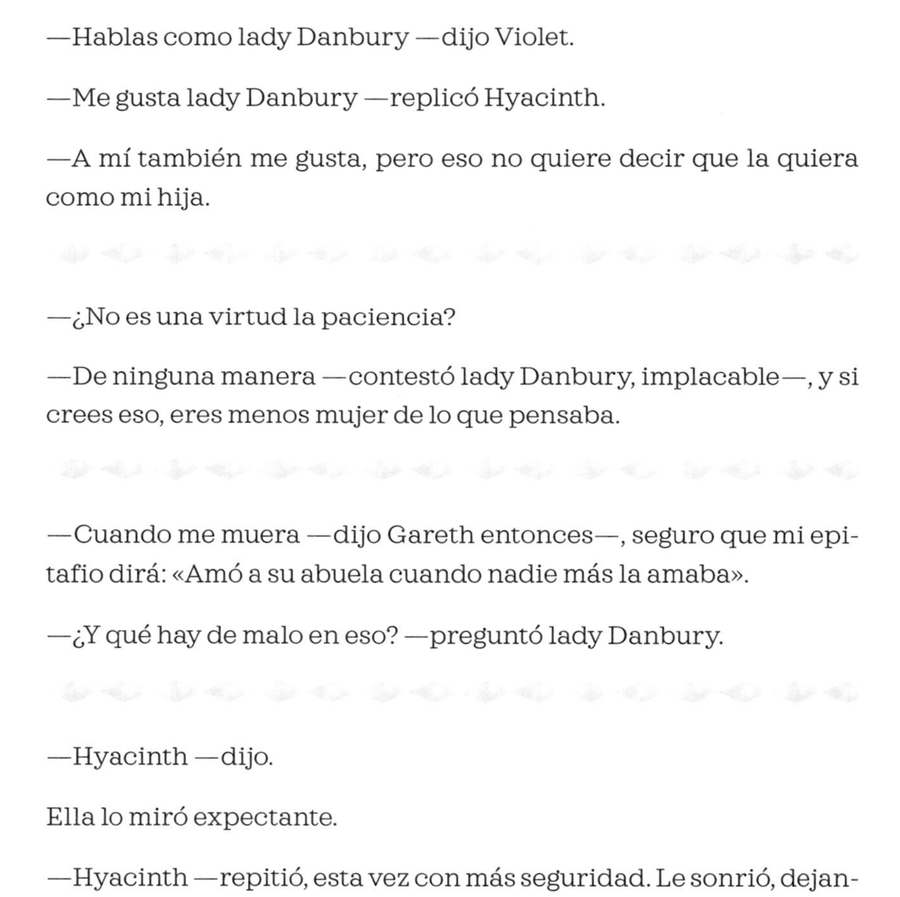

—Hablas como lady Danbury —dijo Violet.

—Me gusta lady Danbury —replicó Hyacinth.

—A mí también me gusta, pero eso no quiere decir que la quiera como mi hija.

—¿No es una virtud la paciencia?

—De ninguna manera —contestó lady Danbury, implacable—, y si crees eso, eres menos mujer de lo que pensaba.

—Cuando me muera —dijo Gareth entonces—, seguro que mi epitafio dirá: «Amó a su abuela cuando nadie más la amaba».

—¿Y qué hay de malo en eso? —preguntó lady Danbury.

—Hyacinth —dijo.

Ella lo miró expectante.

—Hyacinth —repitió, esta vez con más seguridad. Le sonrió, dejando que sus ojos se fundieran con los suyos—. Hyacinth.

—Ya sabemos cómo se llama —terció su abuela.

Sin hacerle caso, él apartó la mesa de centro para poder hincar una rodilla en el suelo.

—Hyacinth —dijo, y le encantó su exclamación ahogada cuando le agarró una mano—, ¿me harías el grandísimo honor de ser mi esposa?

Ella abrió los ojos de par en par, luego se le empañaron, y empezaron a temblarle los labios, esos labios que había besado tan deliciosamente solo unas horas antes.

—Yo..., yo...

Era tan impropio de ella quedarse sin palabras que Gareth lo disfrutó, en especial viendo la emoción que expresaba su cara.

—Yo..., yo...

—¡Sí! —gritó su abuela a la postre—. ¡Se casará contigo!

—Puede hablar por sí misma.

—No —dijo lady Danbury—. No puede. Es evidente.

—Va a ser mi abuela —dijo Hyacinth, inclinándose para darle un beso en la mejilla. Nunca antes la había tratado con esa familiaridad, pero le pareció que era lo correcto.

—Niña tonta —dijo lady Danbury, frotándose los ojos, mientras Hyacinth caminaba hacia la puerta—, en mi corazón he sido tu abuela durante años. Solo estaba esperando que lo hicieras oficial.

La saga Bridgerton

El duque y yo

El vizconde que me amó

Te doy mi corazón

Seduciendo a Mr. Bridgerton

A sir Phillip, con amor

El corazón de una Bridgerton

Por un beso

Buscando esposa

Bridgerton: felices para siempre

Sobre la autora

Julia Quinn, cuyos libros han llegado al número uno en la lista de superventas del New York Times, empezó a escribir un mes después de graduarse en la universidad y, salvo por un breve periodo en la facultad de Medicina, no ha parado de darle a la tecla desde entonces. Sus novelas se han traducido a cuarenta y tres idiomas, y han conquistado el mundo entero. Tras graduarse por Harvard y Radcliffe, vive con su familia en la costa noroeste del Pacífico.